Comte Henri COUDENHOVE
Docteur en Droit et Philosophie

Le Minotaure de « l'Honneur »

Étude sur le mouvement antiduelliste
et les erreurs
les plus répandues en matière de duel

Traduit de l'Allemand
par
M. RAMEAU, professeur

Comte Henri COUDENHOVE
Docteur en Droit et Philosophie

Le Minotaure de « l'Honneur »

Étude sur le mouvement antiduelliste
et les erreurs
les plus répandues en matière de duel

Traduit de l'Allemand
par
M. RAMEAU, professeur

. . . .
C'était là-bas, près du rivage
Dans un cirque fermé par des rochers croulants
Qu'était couchée tout de son long la « Honte de la Crète »
Née autrefois de la fausse image d'une taure.
Le monstre, à notre vue, se déchira de ses propres dents,
Comme transporté d'une colère farouche.
Mon maître lui cria : « Es-tu donc frappé de démence,
Comme si tu voyais Thésée lui-même se dresser devant toi,
Lui dont la main te précipita au noir séjour des Enfers;
Arrière, monstre, arrière.....
Tel le taureau, blessé à mort
S'élance, et incapable de se contenir, se jette de côté et d'autre
Et s'épuise en bonds insensés,
Tel le Minotaure, ivre de fureur, se débattait devant nous.
Aussi Virgile s'écria-t il : « Poursuivons sans retard,
Et pendant qu'il fait rage, pénétrons plus avant ».

ENFER DU DANTE. — Chant 12.

LE MINOTAURE DE L'HONNEUR

> Il n'est pas de mensonge honorable, sachez-le.
>
> SCHOPENHAUER.

La peinture de la lutte de la civilisation contre les monstres qui désolent l'humanité, monstres que la folie des mortels, leur méchanceté, leur cruauté, leur sottise et leur vanité ont engendrés, forme l'un des chapitres les plus intéressants de l'Histoire Universelle.

La majorité de ces monstres : combats de gladiateurs, esclavage, chasse aux Juifs, vendetta, tribunaux d'inquisition, torture, guerres de religion, procès de sorcellerie, Ordalies, etc., etc., appartiennent heureusement pour la plupart au passé et ne sont plus que d'intéressants fossiles ; mais d'autres jouissent encore en beaucoup d'Etats d'une existence plus ou moins vivace ; d'autres aussi, comme le dragon des Nibelungen, ont déjà « le glaive » planté au cœur, et chantent leur chant du cygne.

Nous voulons ici envisager particulièrement le duel, mettre au jour le nid de mensonges sur lequel il repose, et indiquer les moyens de l'extirper entièrement et d'en délivrer la société.

Je crois avoir, dans cette brochure, réfuté toutes les raisons ordinairement mises en avant pour justifier son maintien comme un mal nécessaire, sans avoir omis un seul argument pour ou contre, et avoir de plus exposé les moyens qui doivent conduire à son abolition définitive.

La définition que les partisans du duel en donnent ordinairement est la suivante: un combat avec armes meurtrières, devant témoins, entre deux personnes pour offrir ou recevoir satisfaction d'une injure faite à l'honneur.

Considéré objectivement, l'honneur est l'opinion qu'ont les autres de notre valeur; subjectivement, c'est la crainte que nous avons de cette opinion. L'honneur a une valeur considérable, encore même qu'indirecte, attendu qu'il importe de toute nécessité, pour que nous puissions faire convenablement notre chemin dans le monde, que les hommes nous croient respectueux des droits de chacun, incapables d'user jamais à notre profit de moyens injustes et illégaux (honneur civil). Et aussi résolus à remplir exactement les devoirs de notre charge (honneur professionnel). Cette notion de l'honneur civil et de l'honneur professionnel se rencontre chez tous les peuples et toutes les nations, à toutes les époques; il s'ensuit que le sentiment de l'honneur fait partie de la nature humaine et y est profondément enraciné.

L'honneur faussement appelé « chevaleresque », au contraire, consiste à être exempt de toute insulte subie ou de toute insulte non vengée, s'il nous en a été faite quelqu'une, et dans le perpétuel empressement à venger, les armes à la main, toute manifestation offensante. La notion de cet honneur chevaleresque n'est pas issue du fond même de la nature humaine : les peuples classiques de l'antiquité, les Romains et les Grecs n'en eurent aucune idée, pas plus que les peuples les plus civilisés de l'Asie, Chinois, Hindous et Musulmans. La notion de cet honneur chevaleresque est une invention du Moyen-Age, elle ne se rencontre que chez les peuples chrétiens, et même là, que chez une fraction de la population, savoir : l'armée, la noblesse et les personnes qui les prennent pour modèle; de plus elle ne se rencontre que chez ceux de ces peuples chrétiens où a fleuri ce qu'on appelle la chevalerie : car chez les peuples chrétiens d'Orient cette notion fut également presque inconnue.

L'honneur consiste dans l'opinion que les autres hommes ont de nous; le faux honneur chevaleresque consiste à n'être l'objet d'aucune insulte et à ne tolérer aucune manifestation offensante, peu importe que ces insultes aient réellement une raison d'être ou non, ou même qu'elles soient justement fondées.

L'honneur civil ne peut, lorsqu'il existe dans toute son intégrité, se perdre que par la voie de la calomnie ; le faux honneur chevaleresque peut, lui, se perdre par n'importe quelle offense ou expression injurieuse venant d'un homme, à qui on peut demander réparation par les armes.

L'honneur civil ne peut en réalité se perdre que par une action ou une omission personnelle à son auteur, mais jamais par le fait que ce dernier aurait reçu ou toléré une injure.

Le faux honneur chevaleresque se perd non pas par une action ou une omission personnelle, mais bien par le fait de recevoir ou tolérer une offense, sans en tirer vengeance par le duel.

L'honneur civil ne peut donc être ravi que par un calomniateur habile et effronté, lequel cependant comme tout autre malfaiteur, voleur, escroc et assassin, doit s'attendre à tomber sous le coup des lois. Au contraire le faux honneur chevaleresque est à la merci du premier venu, capable d'offrir réparation par les armes, à qui il prend fantaisie de vous jeter l'injure à la face.

L'honneur ravi par la calomnie ne peut être rétabli complètement que par un jugement prononcé par les magistrats, — par un procès se déroulant avec la plus grande publicité possible ; le faux honneur chevaleresque ne peut être rétabli que par le duel ou par des excuses arrachées par la crainte du duel.

L'honneur civil attaqué en appelle à la loi ; le faux honneur chevaleresque, à la force des armes, par suite à l'*animalité* de l'homme. S'il y a et jusqu'à quel point il y a offense, c'est ce que, dans l'honneur civil, décident le juge impartial et un jury impartial en se basant sur la loi; dans l'honneur chevaleresque, c'est l'offensé lui-même qui en décide, d'après sa propre susceptibilité et l'appréciation qu'il fait de sa précieuse personnalité.

L'honneur civil veut mériter la considération ; le faux honneur chevaleresque veut l'arracher par bravades.

De tout ce qui vient d'être dit, il résulte que, d'une façon générale, l'honneur chevaleresque n'a rien à voir avec le véritable honneur, et ne peut absolument pas être compris dans la notion d'honneur.

Le *véritable* honneur chevaleresque consiste dans la considération que les autres hommes nous accordent parce qu'ils ont la conviction que nous sommes à tout moment prêts à intervenir en faveur des faibles, des pauvres et des malheureux, et à le faire sans crainte avec toute la puissance dont nous disposons ; parce qu'ils nous tiennent pour courageux, nobles et magnanimes. Les partisans du duel ne sauraient pourtant pas s'imaginer qu'en Angleterre, en Suède, etc., etc., pas plus qu'en Amérique et dans l'immense Asie, tout entière, où le duel est inconnu, il n'existe aucun honneur chevaleresque, ni aucun homme pensant et agissant d'une manière chevaleresque !

Le mot *Duel* tire son origine vraisemblablement du mot espagnol *Duelo*, souffrance, tristesse, plainte, peine ;

selon d'autres du mot *Bellum*, guerre, et selon d'autres enfin de *Duo*, deux. En fait nul homme ne sait d'où nous vient ce mot stupide ; il n'a même pas d'étymologie certaine. Le mot allemand Zweikampf (1), n'exprime pas exactement la même idée que le mot duel, parce que le mot Zweikampf peut aussi se dire d'un tournoi ou de tout autre combat sportif. C'est ainsi qu'à propos du terme même qui sert à le désigner, se produisent déjà l'embarras et la confusion.

Il faut rechercher l'origine du duel dans cet absurde principe du vieux droit allemand : savoir que, dans un procès criminel, ce n'est pas l'accusateur qui était tenu de fournir la preuve de son allégation, mais bien l'accusé qui devait prouver son innocence, en démontrant la fausseté de l'accusation. Or dans la plupart des cas il est très difficile, pour ne pas dire impossible, de prouver la vérité d'une allégation négative. L'accusé était par suite tenu de prêter serment, et pour ce faire il avait encore besoin de porte-forts « Consacramentales », qui juraient que l'accusé était incapable de parjure. Que si ces derniers lui faisaient défaut, c'est alors qu'on avait recours à l'institution géniale du Jugement de Dieu ; l'une de ses formes était le duel judiciaire. Dans sa foi crédule, le moyen âge avait la conviction que Dieu lui-même décidait par l'issue du combat et montrait de quel côté était le bon droit.

On peut avancer en toute certitude que, même de nos jours chez beaucoup de duellistes, l'opinion que la Providence viendra en aide au bon droit agit sur les cœurs, encore qu'inconsciemment, et cette opinion se rencontre même chez nos duellistes modernes et éclairés.

L'issue victorieuse d'un duel ne saurait être regardée

---

(1) Littéralement : Combat à deux.

comme une satisfaction de l'injure éprouvée, que lorsqu'il s'agit de venger une insulte, et qu'à la condition que l'offensé sorte vainqueur du combat. Mais dès qu'il s'agit d'une calomnie ou d'une atteinte à l'honneur, le duel, dont l'offensé sort vainqueur, ne peut absolument pas être considéré comme une réparation. Prenons l'exemple suivant :

Un homme d'honneur, appelons-le A, accuse un autre homme d'honneur, que j'appelle B, d'avoir détourné 10 couronnes en changeant un billet de banque, et B vient à l'apprendre. Que si maintenant B assignait A devant les tribunaux sous la prévention de diffamation ou offense à l'honneur, A serait condamné, s'il était prouvé que son allégation est ou mensongère ou indémontrable. B pourrait lever une copie du jugement et la faire voir à tous ses amis et connaissances en disant : Voyez donc, cet A est un imbécile ou un diffamateur, ainsi que cela a été démontré par une instruction judiciaire minutieuse, et que d'honnêtes témoins à l'abri de tout soupçon l'ont affirmé par serment et il ne pourrait venir ensuite à l'esprit de personne de dire ou de penser : « Qui diable peut savoir si, en fin de compte, B n'a pas volé les 10 couronnes ? » Ou bien il sera établi devant le tribunal, que A s'est simplement trompé, en affirmant que B avait volé ; l'instruction judiciaire fixera ce point : notre homme d'honneur A reconnaîtra son erreur et présentera des excuses, non pour l'injure proférée, car celle-ci n'existe plus qu'en apparence, attendu qu'il a agi par erreur, mais il s'excusera de sa légèreté irréfléchie et de sa sotte crédulité. Dans l'un et l'autre cas, B sort de cette affaire avec un honneur parfaitement intact. Si, au contraire, le duel a remplacé l'instruction judiciaire, c'est alors que chacun pourra penser : « En l'espèce le duel ne prouve rien, car ici il s'agit purement et simplement de prouver si B a, oui ou non, volé. Il se peut qu'en fait A ait raison et que B ait réellement volé ». B ne lavera jamais son honneur de ce soupçon injurieux qui y restera attaché, et il devra en supporter les conséquences. La louable institution du duel lui aura donc ravi jusqu'à la faculté de faire la seule preuve possible de son innocence.

Prenons un autre cas. A cherche à séduire la femme de B. Il n'y réussit pas. B le provoque en duel. Quelle que soit l'issue du duel, il ne manquera pas de gens pour dire et même pour croire que les entreprises de A ont été couronnées de succès — au grand détriment de l'honneur de la femme.

Ou bien, au contraire, la séduction est un fait accompli. Alors il y aurait folie de la part de B à se faire tuer ou simplement estropier pour une femme qui lui a ainsi fourni la preuve qu'elle ne valait pas la poudre d'un coup de pistolet. Tout au contraire, il fera sagement, si sa religion le lui permet, de se chercher une autre compagne, et de consacrer étroitement sa vie à ses pauvres enfants, maintenant privés d'une mère honorable et respectable, au lieu d'aller causer par l'éclat d'un duel, à ses enfants et aux parents innocents de l'épouse infidèle, de la peine, du dommage et de la honte. L'intérêt des pauvres enfants et des parents innocents doit toujours l'emporter en pareil cas ; toute autre considération ne serait qu'égoïsme grossier, et, si le duel a pour l'offensé une issue défavorable, qu'une pure folie (1).

(1) L'époux trompé, à moins que ce ne soit un catholique convaincu, raisonnera sans doute de la manière suivante : « J'ai aujourd'hui la preuve que ma femme est une femme indigne ; mieux vaut l'apprendre aujourd'hui que dix ou vingt ans plus tard, quand ma jeunesse et mes forces peut-être ne seront plus. Aujourd'hui du moins je suis encore heureusement à même de faire le bonheur de quelque autre petite femme.

Mais comment, me direz-vous, l'homme d'honneur doit-il se conduire en face d'un affront ?

Cela dépend de la nature de l'affront. Celui-ci consiste-t-il en paroles injurieuses, cela dépend encore de la nature des termes employés. Que si ces termes injurieux sont des noms d'animaux, ainsi que cela arrive fréquemment, le sage sans doute se contentera d'en rire. S'agit-il de paroles capables de nuire à la réputation, alors il n'est qu'un seul moyen d'obtenir satisfaction, c'est le jugement rendu par le juge assermenté. Si l'on m'accuse de quelque action déshonorante, je n'ai absolument pas d'autre moyen de salut que cette sentence judiciaire et la pleine lumière d'un débat contradictoire avec la plus grande publicité possible.

Mais si l'offense est constituée par un soufflet ?

Un coup mérite assurément une bonne correction, mais jamais un châtiment pouvant aller jusqu'à la mort ou à une mutilation perpétuelle, telle que le duel au pistolet se le propose souvent, et qu'il peut toujours produire. Abstraction faite de l'insulte, qui, d'ailleurs, se rencontre aussi dans l'offense par termes injurieux, le seul fait que des coups viennent à s'y ajouter est bien un désagrément, mais non pas un malheur. C'est tout aussi peu un malheur que le serait un coup de pied de cheval ou d'âne ne causant ni mort, ni mutilation. La qualification d'une offense par soufflet ne saurait dépendre de l'impression physique éprouvée. Dépendrait-elle peut être de la main de l'homme ? Cela non plus ne saurait être, car si le même coup était porté avec un sabre, la qualification ci-dessus n'a plus de raison d'être ; et même l'offense par soufflet serait, le cas échéant, réparée. Ainsi, c'est donc sur un préjugé et une superstition aussi dangereuse qu'insensée que repose cette idée qu'un coup reçu est un outrage terrible, réclament une expiation sanglante (1).

A cette question: comment un homme d'honneur outragé doit-il se comporter, s'il ne veut avoir recours au duel? Toute la société civilisée d'Angleterre, de Suède, de la Norwège, de la Suisse, de l'Asie tout entière et de la plus grande partie du Danemark et de la Hollande nous fournit par son exemple la meilleure des réponses.

Mais par le fait même que l'offensé s'offre au combat et risque sa vie et sa santé, ne nous donne-t-il pas la preuve la plus sûre qu'il est homme d'honneur, que pour lui la vie a moins de prix que l'honneur; et ne prouve-t-il pas précisément par là et en s'offrant au combat qu'il est innocent de l'acte déshonorant dont on l'accuse ?

Certainement non; il prouve simplement qu'il a le courage de risquer sa vie et sa santé. Mais tout malfaiteur, voleur à l'escalade, ou assassin, de même tout danseur de corde et tout dompteur de fauves en fait autant.

Soit: mais ceux-ci ne le font que par intérêt, et non pour leur honneur, différence capitale, comme il semble à beaucoup ?

Eh quoi! le duelliste n'agit-il pas aussi par intérêt, soit pour ne pas perdre dans le monde sa réputation de gentilhomme, ce qui pourrait lui porter le plus grand préjudice, même pécuniaire, soit pour satisfaire sa vengeance, ou encore par vanité, pour plaire aux femmes et être considéré et fêté comme un héros. Par conséquent toujours par intérêt personnel.

On ne peut cependant pas demander ni espérer qu'un

---

(1) Dans un livre, où sont exposées les règles du duel, je lis qu'une offense résultant d'une gifle ou d'un coup ne peut être réparée que par les armes. Toute excuse serait par suite inacceptable. Ce *principe est une insulte à la loi, à la religion et à la morale.*

homme offensé remette et pardonne toujours. Certainement non. La vengeance est chose naturelle. Mais le duel est le moyen le plus maladroit qu'on puisse rêver de tirer vengeance, attendu qu'il y a toujours un nombre de chances au moins égal pour que l'offensé reçoive de l'offenseur un coup d'épée ou une balle.

Que si un homme offensé veut sérieusement se venger, qu'il le fasse comme il faut et radicalement.

Un chrétien n'a pas le droit de le faire, parce que sa religion le lui défend : « La vengeance m'appartient », dit le Seigneur! Mais veut-il se mettre au-dessus de la loi religieuse, il a à sa disposition d'autres et plus sûrs moyens, que Rousseau a indiqués dans son *Emile*. (Livre IV, note 21).

Mais si un homme refuse d'accepter une provocation en duel ne s'expose-t-il pas, objectera-t-on, au mépris général et au reproche de lâcheté?

Pour beaucoup oui, mais non pour tous. Il ne sera pas exposé à ce reproche pour un croyant sincère, pas davantage pour un philosophe, pas non plus pour la grande masse du peuple, pour tous ceux qui ne connaissent ou ne veulent connaître ce soi-disant point d'honneur chevaleresque, ou qui en jugent différemment, par conséquent que pour une petite partie seulement de la population, et précisément pour celle, qui par serment, s'est engagée à obéir aux lois.

Le courage est la plus haute vertu de l'homme, la lâcheté sa plus grande honte ! Beaucoup le pensent, mais grande est leur erreur. C'est là une conception barbare.

En effet, le courage en soi est quelque chose de purement animal; c'est de soi une qualité indifférente. Selon le but auquel on l'applique, cette qualité indifférente devient ou bonne ou mauvaise. Elle est bonne, si le but est bon, et elle peut alors s'élever jusqu'à la noble vertu de l'héroïsme, par exemple si le courage s'exerce au service de la patrie, de la charité ou de la science, et se transforme par là en sacrifice de soi-même : elle est mauvaise, si le but est mauvais, par exemple si on l'emploie à acquérir de l'argent par vol, escalade et effraction.

Le courage est bien en soi quelque chose d'animal; il est le caractère spécifique de quelques animaux, tel le lion, de même que la timidité est aussi une qualité inhérente aux bêtes, tels le lièvre et le chevreuil. Le courage est d'ailleurs tout particulièrement une qualité brutale, car il est lié par un rapport mystérieux à la vie et aux organes sexuels. Le cerf timide devient brave et parfois même dangereux à l'époque du rut, de même le craintif chevreuil; les femelles des animaux les plus peureux montrent du courage à l'époque de l'allaitement, quand il s'agit de défendre leurs petits. Le taureau, l'étalon, le coq perdent de leur courage par la castration; les eunuques sont pour l'ordinaire les plus timides d'entre les hommes. Le courage est aujourd'hui encore dans le monde animal le moyen du plus fort dans la lutte pour la vie et le choix de sa femelle : il en était jadis de même pour l'homme, il en est de même encore aujourd'hui pour les sauvages, et c'est par là, c'est-à-dire par « l'atavisme » que pourrait peut être le mieux s'expliquer la préférence de tant de femmes pour les hommes « crânes ». On traduit souvent le mot courage par *virtus*, du latin *vir*, homme. La bravoure se dit en grec ανδρεια, virilité ; la timidité, ανανδρεια, manque de virilité, qualité d'un être efféminé ; ανανδρεις, veut dire castrat (1).

(1) Il y eut incontestablement des époques, où la valeur de la personne humaine reposait exclusivement sur le courage et la bra-

Toutes les vertus de l'homme, telles que la modération, le dévouement, la justice, l'humilité, la fidélité au devoir et à la parole donnée, l'empire sur soi-même, la magnanimité, sont, parce que étrangères au monde animal, infiniment plus hautes que le courage en soi, lequel n'est pas par lui-même une vertu, qui ne le devient que par alliance avec d'autres vertus, et par suite grâce à elles. Il est vrai qu'alors il est la première, la plus belle, la plus haute et la plus noble de toutes.

Le courage n'est souvent qu'une affaire de nerfs, ce qui démontre une fois de plus sa nature animale ; il change fréquemment à de courts intervalles. Il est souvent différent selon les cas donnés. Un homme brave peut avoir peur chez le dentiste ; un héros sur le champ de bataille peut avoir peur des serpents ou des souris (1). Le degré du courage varie souvent à de courts intervalles sous l'influence de boissons alcooliques ; il est plus grand chez l'homme rassasié que chez l'affamé ; tout ceci prouve que le courage est en soi quelque chose qui n'appartient pas à notre nature morale, mais plutôt à notre nature sensible.

Le concept de lâcheté représente beaucoup plus que le seul contraire du courage. Dans le concept de lâcheté

---

voure de l'individu, époques, où toute autre qualité devait nécessairement céder le pas au seul courage. Tels furent les temps malheureux de la grande migration des peuples, de ces guerres qui duraient des dizaines d'années, époques de guerres privées, qui ne connaissaient que le droit du plus fort, et où tout ordre et toute discipline avait cessé d'exister. Dieu merci, ces temps sont passés. Puissent-ils ne jamais revenir !

(1) Une dame anglaise me racontait qu'aux Indes il était d'observation courante que des Anglais ayant passé quelques années sous ce climat tropical en avaient éprouvé une telle dépression du système nerveux qu'ils ne pouvaient plus se résoudre à monter des chevaux un peu vifs, ni à conduire une voiture, alors qu'auparavant, dans leur patrie, avant d'avoir vécu dans les pays chauds, ils s'adonnaient passionnément aux sports les plus dangereux.

(Feigheit, cowardice, ignavia, cobardia) sont compris un certain nombre des attributs les plus honteux, tels que la ruse, la perfidie, la violence à l'égard des faibles. Le contraire du courage, en fait, s'appelle « poltronnerie », qualité en soi indifférente. Nul homme raisonnable, par exemple, ne reprochera à un pauvre diable de scribe public d'avoir un cœur de lièvre ; on s'en amusera, mais on avouera qu'il peut être le plus honnête homme du monde. Inversement un brigand peut assassiner sa victime par derrière, faire violence à de faibles femmes, maltraiter des enfants, ne commettre que de viles lâchetés et cependant être en même temps brave et déterminé. Au contraire, la poltronnerie ne produit par elle-même que des effets comiques ; c'est au théâtre qu'on peut le mieux l'observer, là où le public ne manque jamais d'être pris d'une gaieté folle chaque fois qu'on met en scène un gaillard poltron, qui décampe à toutes jambes. Ce n'est que chez un soldat que la poltronnerie répugne parce qu'il est tenu d'être brave et que son honneur professionnel l'exige.

La timidité et la poltronnerie représentent ordinairement une dégénérescence maladive du système nerveux, et chaque fois qu'elle se montre chez un homme, elle y est extrêmement choquante. Mais quiconque témoigne du mépris à un tel homme, se rend pour le moins ridicule, absolument comme celui qui en mépriserait un autre à cause d'une infirmité physique. Si quelqu'un se refuse à admettre ce point, je lui recommande la lecture du *Manuel de Psychiatrie* de Krafft-Ebing et de l'excellent ouvrage du Dr Paul Hartenberg: *Les timides et la timidité*. Krafft-Ebing appelle la peur et l'anxiété : « états maladifs produits par l'attente ».

Tout ceci peut être exact, objectera-t-on, il n'en reste pas moins vrai que lorsqu'un membre des classes élevées refuse un duel, il n'échappe pas au soupçon de lâcheté. Par suite, comment pourrait-il ne pas l'accepter?

S'il est à ce point esclave de l'opinion publique, eh bien! il peut, s'il le veut, prouver son courage de cent façons différentes. Qu'il donne un pourboire à quelque dompteur et pénètre avec lui devant tout un public dans la cage aux lions ou qu'il se fasse porter sur la corde par quelque danseur de corde, ou encore s'il veut joindre l'utile au dangereux qu'il prenne du service pour quelques semaines dans un hôpital de cholériques, de pestiférés ou de varioleux : il a une infinité de moyens de montrer son courage. Lorsqu'il aura une bonne fois accompli un tel acte de bravoure, personne ne pourra plus le tenir pour lâche, et à celui qui voudrait le traiter de lâche, on pourrait répondre : « Faites-en donc d'abord autant, vous parlerez ensuite ».

Mais si l'homme provoqué en duel refuse de se battre, il risque de se faire insulter publiquement par celui qu'il a offensé, et voilà ce à quoi il ne peut pourtant pas s'exposer?

Aussi ne doit-il pas non plus s'y exposer imprudemment, il doit être sur ses gardes, et s'il croit qu'on le poursuit, se munir d'un coup de poing, d'une canne à épée ou d'un revolver de poche et faire voir au moment voulu à celui qui le provoque qu'il est prêt, en ce cas, à user du droit de légitime défense. Dans ces conditions, il y a mille contre un à parier qu'on le laissera tranquille.

Beaucoup de gens croient qu'un homme mérite la plus grande estime, lorsqu'il fait le sacrifice de sa vie et de sa santé pour rétablir son honneur, le considérât-il même à tort comme atteint.

Mais cela est faux ; en effet dans notre siècle, un homme éclairé n'a presque plus le droit d'avoir de tels préjugés, parce qu'ils nuisent au bien public ; car le duel est défendu aussi bien par le code pénal civil que par le code pénal militaire, aussi bien par la religion chrétienne que par la religion juive, et même par les loges (Voyez à l'article « Duel » dans le *Manuel général de la Franc-Maçonnerie* de Lennings, 3ᵉ édition, Leipzig, 1900, page 211).

L'instruction pratique sur le service recommande au soldat la crainte de Dieu ; mais comment apprendra-t-il à la respecter et à la pratiquer, s'il voit tous les jours ses supérieurs fouler aux pieds les lois de l'État et de l'Église, et cela presque publiquement, en commettant impunément le crime du duel dans les manèges de cavalerie des casernes, dans ces casernes bâties avec l'argent si péniblement acquis des contribuables, et où il peut arriver qu'un officier explique à l'étage supérieur à de jeunes recrues le chapitre de l'instruction pratique sur le service, dans lequel sont recommandés et prescrits la crainte de Dieu et le respect de l'autorité, tandis qu'à l'étage en-dessous des membres de la noblesse, les plus hauts dignitaires civils et militaires de l'État sont en train de fouler aux pieds la loi de Dieu, celle du Souverain et de l'Église, en bras de chemise, ou même à moitié nus, sabrant, frappant du pied, haletant, suant, ferraillant, s'en donnant à cœur joie avec l'épée ou le pistolet, scandale en vérité le plus grand et le plus retentissant qu'on puisse imaginer.

A dire vrai, les statuts devraient bien prescrire que dans cet appel à la bestialité on se contente aussi du costume des bêtes. Car tout vêtement, tout pli, en particulier tout bouton, peuvent arrêter ou amortir un coup.

Le duel n'a pas l'avantage de favoriser le bon ton et la tenue, comme beaucoup le pensent, en sorte que, s'il venait à être aboli, la grossièreté se répandrait et s'étalerait alors impunément, vice qui maintenant est retenu dans de justes bornes par la crainte d'une provocation en duel.

Certainement non ! Et la preuve en est qu'en Angleterre, où le duel est aboli depuis un demi-siècle, le bon ton règne partout dans la société. Les peuples orientaux, les Japonais, les Chinois, les Turcs, les Arabes, les Hindous, les Perses, sont d'une extrême politesse et cependant ils ignorent le duel. Dans l'ancienne Grèce elle-même, le meilleur ton régnait dans les relations sociales et l'on n'y avait pourtant aucune idée de ce soi-disant honneur chevaleresque. Bien au contraire, le duel nuit à la diffusion générale du bon ton au plus haut point, attendu que le premier bretteur venu, pour peu qu'il soit fort au tir et à l'escrime, peut s'imposer de force à la société et se permettre toute espèce d'impertinence ; car il compte avec raison que personne n'osera lui faire le moindre reproche, vu que celui-ci aurait immédiatement un duel pour conséquence. Or, personne ne se soucie de prendre en main les intérêts du bon ton, s'il doit le faire au péril de sa vie ou de sa santé. Si au contraire le duel n'existe pas, il est alors facile d'écarter de la société les gens mal élevés. C'est précisément parce que le duel a été aboli en Angleterre, qu'il y est devenu possible à la bonne société d'exclure de son sein tout paltoquet. Nul n'y peut s'imposer par des moyens violents. Mais là où le duel est encore en honneur, il suffit d'être fort à l'escrime et au pistolet pour pouvoir s'imposer à la société parce que, comme on sait, de tels spadassins sont rarement provoqués en duel.

Le principe du duel est, pour ainsi dire, le bouillon de culture de la grossièreté, et, de fait, cette grossièreté n'est nulle part plus grande que dans les pays où fleurit cette institution.

Mais cette coutume du duel a un autre inconvénient encore plus grave. Car pour se soustraire à une provocation, le plus grand nombre n'hésitera pas le moins du monde, dans l'occasion, à feindre, à ramper et à mentir.

Exemple: Un monsieur épouse une honnête jeune fille soi-disant par amour, mais en réalité à cause de sa fortune ou de son nom, et lui fait bientôt une vie infernale. Le mari est un coureur, un ivrogne, un joueur, un bretteur et un faiseur de dettes de première force; cependant le hasard veut qu'il n'ait encore jamais volé, car il a toujours pu extorquer l'argent dont il avait besoin ; il a été assez prudent pour ne jamais faire un faux en écriture, car il savait qu'il lui manquait pour cela la virtuosité nécessaire ; il a cent fois manqué à sa parole, mais jamais à sa « parole d'honneur »; il a des dettes par-dessus la tête, qu'il ne paie pas, mais cependant il n'a sur la conscience aucune « dette d'honneur ». Par suite, cet homme est toujours officiellement un homme d'honneur et jouit toujours du privilège de pouvoir « offrir réparation par les armes », bien qu'il ait rendu sa femme malade par suite de ses débauches et qu'il gaspille le patrimoine de cette dernière. Le père et les parents mâles de la malheureuse doivent assister impassibles à ce spectacle et ne peuvent se risquer à clouer ce rustre au pilori, à le livrer au mépris public ou à lui administrer une bonne volée, car il les provoquerait en duel, et c'est ce qu'ils veulent à tout prix éviter, tout particulièrement s'ils sont eux-mêmes mariés et pères de famille. Mais il y a plus encore. Personne n'ose traiter cet homme comme il le mérite, ne pas lui rendre son salut, et lui refuser la main dans le monde. On continue à l'inviter dans tous les dîners officiels à cause de son rang, on le reçoit et on lui rend ses visites, on le traite partout et toujours en homme d'honneur. C'est qu'en effet, d'après les principes et aux yeux du faux honneur mondain, il n'a pas cessé d'être homme d'honneur. Et voilà comment feignent et mentent à qui mieux

mieux, tous ceux avec qui il est en relations. Quelle lâcheté, quelle bassesse d'âme ce faux principe traîne après lui.

Et que dire de l'hypocrisie de ces tentatives de réconciliation que les témoins sont tenus de faire sur le terrain? Chacun sait que celui qui se déclarerait à ce moment prêt à la réconciliation serait aussitôt soupçonné de lâcheté, en sorte que ces tentatives ne sont qu'une vile comédie !

Et ce salut avant de croiser le fer, quoi de plus ridicule !

Le Code du duel est donc, comme Schopenhauer l'appelle avec raison, le Code des fous. Celui qui en doute n'a qu'à lire de sang-froid les œuvres des auteurs de Codes de spadassins, spécialement les règlements codifiés du comte Chateauvillard, qui sont la règle en matière de duel, et autres écrits semblables. D'un crime ils font encore une science, par où ces livres font songer à un autre genre de littérature, puisque comme elle ils enseignent le mal, et que comme elle et pour le même motif ils devraient être recherchés par la police.

Sans doute aucun homme n'est matériellement contraint d'accepter un duel ; chacun peut le refuser, s'il lui plaît de supporter les conséquences de son refus. Par suite on peut dire : *Volenti non fit injuria*.

Cela peut être vrai pour certains hommes très indépendants, riches et isolés, qui n'ont cure de l'opinion publique ainsi que pour les vrais philosophes, si rares comme on sait ; en tout cas pour une très faible minorité : mais cette sentence ne peut pas s'appliquer à la grande majorité. Par suite, maint individu, provoqué en duel, n'a d'autre choix que de se battre ou de perdre son pain ; presque tous n'ont d'autre alternative que de risquer leur vie et leur santé, ou d'être mis au ban de la société à laquelle ils appartiennent.

Les conséquences pernicieuses et dissolvantes de l'institution du duel sont dès lors les suivantes :

Le duel outrage la loi civile et militaire qui lui donnent la qualification de crime. Comme ce crime est presque exclusivement commis par des personnes de haute condition, l'exemple ainsi donné n'est que trop propre à favoriser le développement des principes anarchiques. Car le peuple, pauvre et ignorant, se dira nécessairement qu'il est d'une injustice criante que les grands de ce monde, officiers ou civils en place, qui devraient partout donner le bon exemple, aient le droit de faire publiquement litière de la loi du pays, tandis que ceux qui n'appartiennent pas à ce monde privilégié voient chacune de leurs rixes punie par la rigueur des lois. Que deux paysans se battent à coups de couteau et se blessent, ils sont sévèrement punis ; mais que deux hommes du monde en fassent autant avec des couteaux plus longs, c'est-à-dire des sabres ou des fleurets, personne n'a plus rien à dire. Dans le premier cas on appelle cela une rixe ordinaire, et les acteurs, des rustres ; dans le second une affaire d'honneur, et les acteurs, des hommes d'honneur.

Le Christ a dit : « Si quelqu'un vous frappe à la joue droite, tendez-lui encore la gauche ». Et alors que faut-il penser, quand des membres même des ordres spirituels de chevalerie non seulement commettent ce crime, mais sont même contraints à le commettre. Quel jugement le peuple peut-il bien s'en faire ? Qu'on étudie donc l'histoire des origines de la Révolution française ! Avant qu'éclatât cette dernière, des évêques, des prélats eux-mêmes allaient sur le terrain ; donc : *Caveant consules.*

Le duel est une institution d'orgueil vraiment satanique, puisque le provocateur exprime par là qu'une offense s'adressant à sa chère et précieuse personne ne peut être expiée que par le sang, et qu'un coup ne peut l'être, le cas échéant, que par la mort.

Le duel est un vestige de l'ancienne barbarie où régnaient en maitre la défense personnelle et le droit du plus fort, véritable morale de l'eau Rouge (Nordau). On peut donc affirmer avec certitude qu'il disparaîtra de lui-même à un moment donné, de la même manière qu'ont disparu les combats de gladiateurs, l'esclavage, les tribunaux d'inquisition et d'hérésie, les procès de sorcellerie, l'Harakiri au Japon, la crémation des veuves aux Indes, les pratiques abusives des Flagellants, les oracles et les jugements de Dieu, la torture, la bastonnade et les verges. Le duel est un survivant de cette famille de monstres qui désolent l'humanité, qui presque tous ont, pareils aux monstres antédiluviens, déjà disparu depuis longtemps et dont les restes sont conservés dans nos Musées. Le duel leur a survécu à tous, mais ses jours sont comptés.

Le duel, est en outre, un acte de cruauté inouïe : si l'on ne veut avoir aucune pitié des duellistes et si, en fait, ils n'en méritent guère, que l'on songe du moins à la douleur, au chagrin, à la peine amère et aux larmes des mères, des enfants et des épouses des malheureuses victimes du duel ! Ces considérations ne sont-elles pas déjà à elles seules un motif d'en finir une bonne fois avec cet épouvantail ? N'est-il pas temps enfin d'abattre ce Minotaure qui, semblable à celui de la Fable, déchire et dévore non pas seulement sept jeunes hommes tous les neuf ans, mais bien davantage, non pas seulement les hommes d'un seul pays, mais de beaucoup d'autres, non seulement enfin tous les neuf ans, mais tous les ans sans interruption ?

De même que le Minotaure devait le jour au commerce honteux de Pasiphaé, femme de Minos, avec le taureau de ce roi, de même aussi le duel est un produit de l'orgueil satanique et de l'esprit de vengeance de l'homme.

Et ce monstre hideux tout dégouttant de sang humain, chargé de la malédiction et des larmes de tant de mères, de veuves et d'orphelins, ce produit informe des âges de ténèbres, ne voudrait-il pas encore se donner de grands airs en se drapant dans le manteau de la vertu, de l'honneur et de l'héroïsme ! Oui, à bas les masques, monstre horrible et décrépit, ton heure a sonné, tu vas crever et crever de faim. Car c'est la seule mort qui soit digne de toi !

Peut-on s'imaginer spectacle plus révoltant que celui-ci : Le matin, à table, une jeune mère est assise avec ses petits enfants dans la joie et la plénitude d'une vie heureuse. La porte s'ouvre et sous ses yeux on dépose le cadavre de son mari. Elle s'épouvante : « Au nom de Dieu, qu'est-il arrivé ? » — Le témoin : « Une histoire de giffles ! » — Elle : « Ah ! malheureux époux, faut-il donc que tu te sois laissé emporter par la chaleur de ton tempérament et que tu n'aies pu davantage rester maître de toi ! » — Le témoin : « Mais non, Madame, ce n'est pas lui qui a donné le soufflet, au contraire il l'a reçu ! » Tableau ! ! !

Et qu'on ose dire maintenant que le duelliste victorieux a fait son devoir, ou qu'il a peut être été un peu trop susceptible, ou encore faire cette remarque hypocrite et menteuse : humainement et naturellement parlant ce duel était inévitable ; seul, un saint eût pu s'en abstenir ! etc., etc.

Et si maintenant la veuve est une catholique croyante, elle sera jusqu'à son dernier jour poursuivie par cette pensée effroyable que son mari brûle en enfer pour l'éternité. Qui pourra se faire une idée, même approximative de la douleur de cette femme ? Le meurtrier cependant est et reste un homme honoré, il garde son emploi, sa situation, son rang, ses dignités, il demeure homme d'honneur ! Malgré son crime épouvantable, malgré cet acte infâme !

Il est néanmoins des cas où un tel meurtrier par duel peut être presque entièrement innocent : c'est celui où ce dernier était prêt à se réconcilier avec son adversaire, mais où il a été forcé par d'autres personnes à se battre, et où celles-ci ont décidé que le duel devait avoir lieu au pistolet. En ce cas les vrais coupables sont les promoteurs moraux de ce combat.

Mourir en duel, cette mort fût-elle même sans douleur, est déjà en soi quelque chose de terrible. Pour un chrétien, c'est la mort en état de péché mortel ; pour un philosophe, c'est la mort en état de persistance dans l'affirmation d'une volonté égoïste, qui exclut tout salut.

Or le combat acharné contre la cruauté n'est-il pas le plus sacré des devoirs de l'homme ?

Il est certain qu'il ne faut pas combattre le duel à un point de vue exclusivement religieux.

Ce serait nuire grandement au mouvement antiduelliste que de lui donner un caractère exclusivement religieux. Car tout d'abord les partisans d'autres confessions religieuses s'y sentiraient peu ou même nullement intéressés, et beaucoup d'esprits éclairés en éprouveraient quelque antipathie. On entend souvent cette remarque dans la bouche de bons catholiques :

Il n'y a que la Religion, une foi ferme, un vif amour de Dieu, joint à la conviction qu'il y a un enfer, qui puisse décider l'homme à s'abstenir d'une provocation en duel dans un cas donné, ou à décliner cette provocation. C'est même là, en agissant ainsi, la plus haute preuve d'héroïsme qu'il lui soit possible de donner : elle rappelle le sacrifice de soi-même des premiers chrétiens !

Cette conception, ainsi formulée, va directement à verser de l'huile sur le feu, parce que alors, les saints exceptés, personne ne refusera un duel. Chacun se fera le raisonnement suivant : « Si le refus d'un duel est vraiment d'une vertu chrétienne héroïque, je me contenterai d'admirer cette vertu, en silence, et non tout haut — il pourrait m'en coûter cher — mais je me garderai bien de l'imiter à aucun prix, car je ne me sens pas en moi-même l'étoffe d'un saint. »

La vraie réponse à une provocation en duel n'est pas de renvoyer à la religion et à la morale, ce qui manquerait sûrement son but : la seule vraie réponse à faire est celle de Marius (il en sera parlé plus loin) ; en bon français : *Allez vous faire pendre ailleurs.* Aucun homme ne se jetterait d'un premier étage sur le pavé, parce qu'on lui dirait : « Jetez-vous par la fenêtre, sinon vous êtes un lâche ! »

Comment doit-on donc combattre le duel ? En rappelant d'abord ce commandement de la loi chrétienne et de la loi juive, « tu ne tueras pas », lequel d'ailleurs est écrit par la conscience dans le cœur de tout homme, principe moral que les chrétiens aussi bien que les juifs reconnaissent comme incontestable. Si, en conséquence, ni je ne tue, ni ne blesse, je ne suis pas davantage pour cela un héros ou un saint, mais je remplis simplement un des devoirs les plus élémentaires prescrits par la loi morale. C'est là le point où les chefs de l'Eglise, de la Synagogue et des Loges peuvent agir de concert, car c'est la proclamation d'un devoir sacré, reconnu sans distinction par tous les gens de bien.

Mais n'y a-t-il pas des hommes de bien, au cœur noble, qui soient partisans du duel, oui ou non ?

Indubitablement il y en a, mais ceux-ci sont, par suite de leur éducation, imbus de tels préjugés qu'il n'est pas

possible d'espérer qu'ils s'en délivreront par eux-mêmes ;
ils ne sont pas coupables, parce qu'ils sont sous le poids
d'une erreur invincible de l'intelligence.

Les gouvernements s'arrangent peut-être fort bien du
maintien de l'institution du duel et ils ont sans doute pour
cela d'excellentes raisons.

On pourrait peut-être partager l'opinion de Schopenhauer
lorsqu'il prétend que les gouvernements ne se proposent
pas sérieusement d'abolir le duel et qu'ils ne le condamnent que pour la forme.

Mais, objectent les catholiques, l'Eglise catholique veut,
elle, très sérieusement l'abolition du duel puisqu'elle excommunie les duellistes et leurs témoins, qu'elle refuse la
sépulture chrétienne aux victimes du duel, qu'elle nous
enseigne que le duel est un péché mortel, et que celui qui
trouve la mort sur le terrain, sans avoir eu le temps de se
confesser ou de faire un acte de contrition parfaite, est
pour toujours condamné au feu de l'Enfer.

Que peut-elle faire de plus ?

Beaucoup prétendent que l'Eglise pourrait faire plus,
beaucoup plus même, si la chose lui tenait sérieusement à
cœur ; toutefois c'est là un thème si délicat, que nous préférons le laisser de côté. Car si l'on veut sérieusement mener un
dessein à bonne fin, au moins est-il permis d'exiger que l'on
frappe d'abord à la bonne porte. Néglige-t-on de le faire
on sera peut-être soupçonné, non sans motif, de n'avoir
pas eu des intentions si sérieuses qu'on veut bien
le dire et de ne manifester qu'une indignation de commande.

L'Eglise romaine, dans la personne du pape Alexandre VII (xviie siècle ! !) a rejeté et condamné expressément
cette proposition, savoir : qu'un chevalier provoqué en
duel pouvait accepter de se battre pour ne pas se donner

devant autrui l'apparence de la lâcheté. Le duel a été condamné de la façon la plus formelle et la plus sévère par une bulle de Benoit XIV (1752), en outre, par le Concile de Trente, 1563, par le pape Clément VIII ; de nos jours par Pie IX et Léon XIII. Bien tard ! remarquablement tard ! étonnamment tard ! Il est vrai d'ailleurs que déjà le pape Célestin III (1195) s'était élevé contre le duel judiciaire.

Cependant le duel judiciaire considéré comme jugement de Dieu a, malgré tout, persisté pendant des siècles avec la tolérance de l'Eglise ; ce n'est que contre les excès de ce duel qu'on se décida à sévir, car la possibilité et la légitimité d'un tel combat était mise hors de conteste par cette malheureuse histoire du combat de David contre Goliath dans l'Ancien Testament.

Dès le IVe siècle, les deux saints évêques, Nicolas de Myre et Ambroise de Milan, furent élus par l'épreuve du jugement de Dieu. Au XIIe siècle, le roi Alphonse de Castille fit décider, par une lutte en champ clos, laquelle des deux liturgies était la meilleure, celle de la vieille Espagne ou celle de Rome. Nous savons par Wolfram d'Eschenbach qu'avant la lutte en champ clos les deux chevaliers assistaient à la messe et recevaient la bénédiction du prêtre.

Finalement, ce fut encore ce grand philosophe libre-penseur, l'Empereur Frédéric II de Hohenstaufen, qui déclara que tous ces jugements de Dieu n'étaient ni plus ni moins qu'une superstition. Et si maintenant le duel moderne découle de ces duels judiciaires du jugement de Dieu, il n'y a là rien d'étonnant ; ce n'est que la conséquence d'un développement tout naturel.

Quelle grandeur en revanche chez les Anciens, ces Grecs et ces Romains du paganisme !

Diogène affirmait, au dire de Cicéron, qu'abstraction faite du côté utilitaire de la faveur de l'opinion publique, il n'eût pas, pour elle, remué le bout du doigt. Tite-Live rapporte que le général romain Marius, provoqué à un combat seul à seul par quelque roitelet teuton, lui fit répondre qu'il pouvait aller se pendre s'il était las de la vie, mais que, d'ailleurs, il mettait à sa disposition un gladiateur d'élite, avec lequel il pourrait satisfaire sa fantaisie batailleuse.

Thémistocle, Diogène, Socrate ont, de fait, subi des affronts, et cependant jamais il ne leur vint à l'esprit de provoquer leur offenseur en duel. Un jour que le philosophe Cratès avait reçu du musicien Nicodromos une telle gifle qu'il en avait toute la figure enflée et couverte de bleus, il se montra en public ayant, attachée au front, une planchette où était écrit : « Voilà l'œuvre de Nicodromos. » Schopenhauer dans un de ses chapitres: « De ce que l'homme représente » auquel sont empruntés l'exposé et les exemples ci-dessus, y ajoute cette réflexion : « Oui, dites-vous, c'étaient là de vrais sages. » — « Mais vous, vous êtes des fous ! » — « Entendu ».

Il est vraiment honteux pour des chrétiens que l'Islam ait réussi à faire disparaître la vengeance privée de la presque totalité de ses Etats, que l'opinion publique au Japon ait pu amener la suppression de l'Harakiri, et écraser dans l'œuf le premier germe du duel dans l'armée, tandis que le christianisme n'a pu encore réussir à abolir le duel définitivement.

Quelques Etats chrétiens sont déjà complètement débarrassés du duel, en particulier l'Angleterre (1) la Suède, la

---

(1) On entend faire souvent cette sotte remarque, qu'à vrai dire le duel existe encore en secret dans la société anglaise, vu que deux Anglais, qui veulent se battre, passent le détroit et vont commettre

Norvège, la Suisse et la plus grande partie de l'Amérique du Nord, du Danemarck et de la Hollande; il est en même temps très frappant que ces sept Etats soient des Etats protestants, bien mieux, la presque totalité des Etats protestants où l'Eglise ne peut appliquer le remède violent de l'excommunication.

En Russie et sur tout le territoire de l'Eglise orthodoxe le duel est beaucoup plus rare; il ne fleurit plus aujourd'hui que dans les pays catholiques malgré l'excommunication et tout ce qui s'y rattache.

Tomber entre les mains d'un coquin qui vous crie: « la bourse ou la vie », c'est là une aventure fâcheuse qui peut vous arriver à peu près partout; mais tomber entre les mains de quelque rustre qui vous crie: « L'honneur ou la vie », c'est un malheur qui ne peut vous arriver que dans les pays chrétiens, exception faite toujours des sept pays protestants.

Voilà qui est fort triste et fort honteux pour les catholiques!

Hélas oui! — Le ministre de la guerre d'Allemagne, répondant récemment dans un discours au Reichstag à une interpellation, déclarait que le nombre des duels entre officiers était très minime: et il citait les chiffres, qui étaient en effet très faibles. Les ennemis du catholicisme en pourraient profiter pour forger des armes nouvelles contre l'Eglise romaine, et ils l'ont déjà fait, je crois, en disant que plus un pays est civilisé, plus sa population est éclairée, et moins il y a de duels. Les conséquences de cet axiome sont faciles à tirer. Dans les sphères distinguées de la

---

ce crime sur le continent. Cette objection est aussi ridicule que si l'on disait que la Pédérastie existe encore en Autriche, parce qu'elle s'y commet en secret, ou que ceux qui veulent se livrer à ce vice, se rendent en Orient, pour pouvoir le faire.

société allemande on en est arrivé depuis longtemps déjà à cette conviction que le duel (— exception faite des duels d'étudiants) est à proprement parler mauvais genre, contraire au « chic » et à l'élégance. On en a honte devant ceux qui partagent avec nous la même situation sociale et la même profession ; on agit de même devant ses domestiques et ses valets, et on laisse ce manque de tenue aux cercles les moins élevés de la société. C'est ce dont peut se convaincre toute personne qui étudie la statistique du duel en Allemagne et qui a sous les yeux les listes nominatives des duellistes. La « crème » de la société, les noms de la haute noblesse et des hauts dignitaires et employés tant au civil qu'au militaire ne s'y rencontrent presque plus depuis déjà des années.

Comment donc abolir cette honteuse pratique du duel ?

En faisant comprendre tout le tort, le mal, la tristesse, les larmes qui en sont la conséquence, ainsi que les remords qu'un meurtre par duel éveille dans la conscience du meurtrier ; en insistant sur ce grand commandement : « Tu ne tueras pas. »

En évitant de fréquenter et en excluant de la bonne société tous ceux qui, à dater d'un laps de temps convenu, se rendront coupables de ce crime, en les cassant aux gages ou en les relevant de leurs fonctions s'ils sont au service de l'Etat.

Les femmes et les jeunes filles peuvent aussi beaucoup, énormément pour cette abolition. Il est un fait avéré que la majeure partie des duels se rattache à une cause féminine. Mais si les femmes honnêtes tournaient le dos résolument et par principe à tout duelliste, les 9/10 des duels n'auraient plus lieu. Qu'elles considèrent que la plus grande partie des duels commis le sont pour des femmes, avec qui elles ne veulent avoir rien de commun. Nombre de femmes de réputation douteuse font tout ce qu'elles peuvent pour susciter un duel en leur honneur, parce qu'un tel duel est pour elles une bruyante réclame, les pose dans la notoriété publique et les rend intéressantes. C'est ce qu'aucune honnête femme ne voudrait imiter.

Il ne conviendrait pas d'établir contre le duel des pénalités plus sévères que celles déjà existantes. Ces pénalités légales, si toutefois on en fait une application effective, suffisent absolument. Le mieux serait même de n'infliger aucune pénalité, s'il était prouvé qu'un duelliste n'avait nulle intention de vengeance, mais bien de l'enfermer un certain temps dans une maison de fous.

Toutefois il serait nécessaire de biffer entièrement du Code pénal les paragraphes qui visent le duel, de retirer au crime duel la qualification qui lui est donnée, et de le reporter parmi les dispositions pénales concernant l'homicide par coups et blessures, l'assassinat et les violences publiques. Cette décision serait un véritable triomphe pour la civilisation, le progrès et l'humanité. Au contraire, la création de pénalités spéciales et rigoureuses contre un duel qualifié crime donnerait peu de résultats, comme nous pouvons le voir par l'histoire de la France ; cette législation engendrerait des martyrs de « l'Honneur », et cela doit être évité toujours et à tout prix.

Mais que mettre à la place du duel pour la protection de l'honneur ? telle parait être à beaucoup la difficulté de la question.

Cette difficulté n'est qu'apparente. Si quelqu'un vous disait : « Je vais découvrir le Kilimandscharo », vous lui répondriez: « C'est fait déjà depuis longtemps ». C'est aussi la même réponse qu'il conviendrait de faire à ceux qui cherchent l'institution destinée à remplacer le duel. Car cette question est résolue depuis plus de 50 ans en Angleterre, en Suède et en Norvège. On n'a donc pas besoin de faire autre chose que de copier la société anglaise ou suédoise et leur législation en cette matière ; rien de plus.

Il suffirait de sérieuses amendes pour outrage à l'honneur laissées à l'appréciation des juges compétents, et en cas de récidive, la prison.

Dans le code civil autrichien se trouve la disposition suivante au paragraphe n° 166 : Un enfant naturel peut réclamer à ses parents un entretien, une éducation et des soins en rapport avec leur fortune. Le juge fixe le quantum de cette dette. Ne pourrions-nous nous en rapporter à une magistrature formée par nos Universités et la croire capable de comprendre et d'apprécier la portée d'un outrage à l'honneur, et ne suffirait-il pas entièrement après l'abolition du duel, de laisser au juge un pouvoir discrétionnaire pour fixer le taux de l'amende, dans une affaire d'honneur selon la fortune du condamné ?

Mais la rareté des cas mortels, malgré le grand nombre des duels, ne prouve-t-elle pas que la chose n'est pas, à proprement parler, aussi dangereuse que vous voulez bien le dire ?

Il est juste de reconnaitre que les témoins s'efforcent le plus souvent et avec succès, de prévenir toute issue fatale, en particulier par la façon dont ils chargent les pistolets. Mais c'est bien là que la chose tourne à la comédie. Malgré cela, il peut encore arriver les plus grands malheurs, même dans ces simulacres de duel. Il est arrivé que l'un des duellistes voulait tirer en l'air, et a néanmoins blessé mortellement son adversaire. Au reste, le nombre des duels à issue fatale est encore trop grand et le scandale donné subsiste.

Nufahl, dans son livre sur le duel (Leipzig 1896) relève

pour l'Autriche-Hongrie seulement, dans l'intervalle des années 1884 à 1895, seize duels à issue mortelle, sans compter ceux qui se terminèrent par des blessures graves.

Mais, même les duels qui se terminent sans effusion de sang, n'en font pas moins germer dans le peuple des idées révolutionnaires, ainsi que nous en avons déjà fait la remarque plus haut.

Les témoins ont le devoir de faire ce qui dépend d'eux pour prévenir le plus possible l'effusion du sang et pour égaliser les chances des deux côtés. Ils doivent placer les combattants en tenant compte de la direction de la lumière, refuser tout duel entre jeunes hommes et adversaires ayant dépassé la soixantaine, interdire à un maître d'armes de se battre avec ses propres armes, proscrire l'emploi d'armes personnelles, de pistolets à mouche et de canons rayés, etc.

En ce qui concerne le premier point, ces prescriptions contribuent certainement à empêcher les cas mortels de se multiplier.

Mais le partage égal des risques est une pure impossibilité, car l'un des deux adversaires sera toujours ou meilleur tireur, ou plus fort à l'épée, ou plus calme, ou plus froid ou plus réfléchi que l'autre, en sorte qu'une répartition parfaitement égale des risques est mathématiquement impossible. La question se pose alors : n'existe-t-il donc aucune espèce de duel, dans lequel les chances puissent se partager d'une façon rigoureusement égale ? Si fait, il y en a une et une seule : c'est le duel américain. Mais de même qu'en matière de duel tout repose sur le mensonge et l'extravagance, il en va de même aussi, pour changer, à l'égard de cette qualification : « duel américain ». Ce genre de duel n'a, en fait, absolument rien à voir avec l'Amérique. Cette dénomination est d'une entière fausseté.

Comparons ces deux espèces de duel.

Le duel américain peut avoir lieu sans témoin et être proposé et accepté par lettre. Cet acte demeure ainsi secret, et par là le scandale public est complètement évité, ce qui, en l'espèce, est d'une importance capitale.

Dans ce duel les chances sont rigoureusement égales de part et d'autre ; on peut convenir que le sort dépendra de quelque événement à venir, que nul ne peut prévoir ; on peut fixer aussi pour l'exécution des conventions tel délai qu'il plaira.

Le duel à l'américaine n'impose nullement la mort par suicide comme condition nécessaire de l'exécution d'une rencontre, occasionnée peut-être par un motif des plus futiles.

On pourrait parfaitement convenir que l'adversaire désigné par le sort s'infligeât une blessure à une partie quelconque du corps, avec une arme déterminée, une balle d'un calibre nettement désigné, ou qu'il fut tenu d'exercer sur soi une mutilation fixée d'avance.

Dans ce duel les blessures, que les *témoins sont dans l'impuissance absolue de régler*, pourraient donc être fixées et convenues d'avance.

Ce genre de duel présenterait donc les avantages suivants :

1) Les chances seraient rigoureusement égales de part et d'autre.

2) Les blessures imprévues et les coups mortels non intentionnels deviendraient entièrement impossibles.

3) Tout scandale serait évité.

4) Il n'y aurait plus transgression publique de la loi devant témoins.

5) Deux personnes seulement et non six seraient intéressées dans chaque duel ; par suite la faute grave des témoins et la transgression de la loi seraient commises par quatre hommes de moins.

6) Mais surtout ce genre de duel aurait l'avantage de n'être presque jamais commis, parce que la vanité humaine n'y trouverait pas son compte.

7) Au cas où le suicide aurait été convenu, il pourrait se perpétrer de telle sorte que les parents crussent sincèrement à un malheur, ce qui leur épargnerait l'horrible tourment de douter du salut de l'âme du malheureux homme d'honneur.

Vous frissonnez, amis du Dieu Duel ? Vous avez raison de vous épouvanter, parce que je vous le fais voir à nu, dans toute sa laideur et son infamie révoltante, dépouillé de toute ridicule affectation, sans le fard dont la mode le couvre, sans le masque de la vertu, sans ces grimaces, sans ces saluts, ces appels du pied, ce bruit d'éperons et ce cliquetis de sabres : ah ! certes, je comprends que vous soyez saisis d'horreur.

Il est encore une autre considération que je ne puis m'abstenir d'indiquer ici dans l'intérêt de la bonne cause. Pour les juifs et les chrétiens la Bible est la parole inspirée de Dieu et les incrédules eux-mêmes avoueront, en tous cas, qu'il y a dans la Bible des choses qui cachent un sens profond et éclairent d'une lumière singulière certains mystères étonnants et d'ailleurs inexplicables. Or, la Genèse contient cette parole saisissante, que Jahveh (Dieu) lui-même prononce :

Chapitre 9, vers 5.

« Car je demanderai compte du sang de vos âmes à tous
« les animaux et à la main des hommes ; à la main de

« l'homme et de son frère je redemanderai l'âme de
« l'homme. »

« Si quelqu'un verse le sang de l'homme, on versera
« aussi le sien, car l'homme est fait à l'image de Dieu. » —
Et le Christ nous dit : « Qui se sert de l'épée, périra par
l'épée. » (Math. 26, 52.)

Eh bien je conseille à celui qui ne peut pas s'expliquer
pourquoi et comment des cas de mort extraordinaires se
produisent d'une façon absolument inattendue au sein de
quelque honnête famille, je lui conseille, dis-je, de rechercher si le crime d'avoir versé ou contribué à faire verser le
sang en duel n'a peut-être pas été commis dans cette
famille.

On ne se rit pas de la justice éternelle. Le sang de la victime crie vengeance au ciel, et plus encore peut-être les
larmes des mères, des veuves et des orphelins.

Cependant la faveur que le duel rencontre auprès de
mainte personnalité haut placée ne s'explique-t-elle pas et
ne se justifie-t-elle pas par le raisonnement suivant ?

L'institution capitale dans l'État, c'est l'armée. Il est de
l'intérêt général que les officiers soient aussi braves et
aussi courageux que possible, et que l'esprit guerrier y soit
entretenu et maintenu. De nos jours la paix dure si longtemps, des dix, vingt, trente ans et davantage. De là le
danger qu'il ne se glisse dans l'armée des sujets moins
courageux. Il est donc de l'intérêt général de l'État de favoriser le maintien d'une institution, qui, semblable à une
épée de Damoclès, suspendue sur la tête de tout officier,
peut à tout moment le mettre en demeure de prouver son
courage les armes à la main. Cette crainte écartera de l'armée toute personne de peu de cœur, ce qui est d'un grand
avantage pour l'État.

Ceci non plus ne soutient pas l'examen. Tout d'abord la

bravoure d'un officier doit être considérée comme quelque chose qui ne saurait être mis en question, et qui n'a pas besoin d'être prouvé. Car les officiers ne sont nommés qu'après mûr examen de leur caractère et de leurs aptitudes, et qu'après en avoir été jugés dignes par leurs supérieurs, qui y ont réfléchi à loisir. Mais si l'on s'en tient à ce principe, qu'un officier peut être obligé à tout moment de faire à nouveau la preuve de son courage et de son honorabilité, dès qu'il plaît au premier butor venu de le mettre sur la sellette, remarquons qu'il y a là un dédain explicite du jugement de tous ceux qui, après mûr examen, l'ont jugé et déclaré digne de ce glorieux emploi. La bravoure du corps des officiers anglais est au-dessus de tout éloge ; pour eux le danger n'est qu'un simple objet de sport, et cependant ils n'ont pas le duel.

La bravoure des Turcs et des Japonais n'est pas moins connue. On sait le glorieux éloge que de Moltke a fait de l'armée turque ; d'autre part on peut dire des Japonais que chez eux la bravoure, aussi bien chez les femmes que chez les hommes, n'est pas considérée comme une vertu particulière, mais passe pour quelque chose de tout à fait ordinaire et courant, car le Japon est la terre classique du mépris de la mort et de l'héroïsme, et cependant les armées de ces Etats ignorent le duel. Par conséquent l'objection ci-dessus se réfute d'elle-même.

Mais le fait seul, que le duel est en honneur en France, ne prouve-t-il pas que même des pays très civilisés tolèrent le duel ?

Malheureusement la France donne en ce point un très mauvais exemple. Néanmoins, même sous ce rapport, elle est encore très au-dessus de certains autres Etats ; car en France l'*obligation* du duel n'existe pas. L'officier qui refuse un duel ou laisse une offense impunie, n'est pas forcé de démissionner, et, dans la troupe aussi, l'homme peut ne se battre en duel que s'il le veut. Par suite le duel est rabaissé au rang d'une simple affaire privée ; qui veut en user, en use ; qui ne le veut pas, le peut impunément. Ces différences sont de la plus haute importance.

Le duel a aussi presque entièrement disparu de l'un des pays les plus civilisés du monde catholique, je veux dire de la Belgique.

Cependant les chefs de l'armée peuvent-ils tolérer qu'un officier se laisse insulter, sans l'obliger à se réhabiliter par le duel, s'il veut continuer à faire partie de l'armée, lui qui a l'honneur de porter l'uniforme ? Est-il admissible que l'uniforme puisse être insulté ?

Quelle remarque blessante au fond pour l'officier !!

Est-ce donc que l'habit fait l'homme ? Celui qui porte l'uniforme n'est-il pas plus que son vêtement ? Est-il donc moins insulté, lorsqu'il porte des effets civils au moment de l'affront ? Ou bien sa tenue de service aurait-elle une valeur différente de celle des autres fonctionnaires ? Que s'il n'en est rien, il y a là pour tout le reste des fonctionnaires civils une prétention humiliante. La vraie raison, pour laquelle cette inviolabilité de l'uniforme militaire est alléguée pour excuser le duel est, d'après Schopenhauer, la suivante. Voici ce qu'il écrit :

« Oui, si les officiers étaient mieux payés ; s'ils rece-
« vaient les appointements que mérite le sacrifice qu'ils
« font à la patrie de leur santé et de leur vie, on n'aurait
« pas besoin de les payer d'une sorte d'honneur spécial,
« qui peut leur coûter si cher. »

« Mais je sais fort bien au fond que les gouvernements
« ne se proposent pas sérieusement l'abolition du duel.
« Les appointements des fonctionnaires civils, et plus
« encore ceux des officiers sont très au-dessous des services

« rendus (exception faite pour ceux des principaux fonc-
« tionnaires). Pour une bonne moitié on les paie en
« honneur ». Ce dernier est d'abord représenté par les
« titres et les croix, et d'une façon générale par l'honneur
« professionnel au sens large du mot. Or pour cet honneur
« professionnel le duel est un cheval de main toujours
« disponible : aussi a-t-il déjà, dans les Universités elles-
« mêmes, son école préparatoire. *Les victimes du duel*
« *paient donc avec leur sang le déficit de leurs appointe-*
« *ments.* »

En Angleterre les officiers sont si bien payés, qu'ils peuvent se passer de cet honneur spécial scabreux; l'élévation de leurs appointements leur permet de se livrer aux sports les plus dangereux et ils sont par suite toujours à même de donner des preuves réelles de leur courage.

Si j'insulte ou si je frappe mon cocher ou mon valet de chambre, je serai puni ; si je le provoque à une rixe, et qu'à cette occasion je le tue d'un coup d'épée ou de pistolet, je serai condamné à plusieurs années d'emprisonnement. Mais si je suis un brillant tireur ou une fine lame et que je veuille risquer ma vie, je puis provoquer en duel autant d'officiers qu'il me plaira, les tuer d'un coup de pistolet ou d'un coup d'épée, ou les estropier ; je puis agir de la sorte presque impunément et rester homme d'honneur par-dessus le marché. Et voilà ce que vous appelez : protéger l'uniforme !!

Oui, c'est là, je le répète, ce que vous appelez honorer et protéger l'uniforme. Certes la personne de l'officier, c'est-à-dire non pas tant son uniforme, que celui qui le porte, mérite en vérité respect, honneur et protection, car la carrière des armes est la plus noble de toutes. Elle l'est, parce que l'officier s'est librement engagé à donner sa santé, son sang et sa vie pour sa patrie, qu'il a par suite revêtu une haute fonction, la plus belle et la plus noble de toutes ; oui, pour ce motif il mérite une particulière protection, et vous avez parfaitement raison en ce point. Mais alors protégez-le par des lois spéciales, par des pénalités particulièrement sévères édictées contre tous ceux qui l'insulteront ou l'outrageront. Si vous n'en faites rien, alors tout votre soi-disant respect de l'uniforme n'est qu'une pure déclamation.

L'on comprendra maintenant que notre ministre de la Défense territoriale, Son Excellence le général comte Welsersheimb, dans la séance de la Chambre des Députés Autrichienne, du 12 mai 1901, répondant officiellement aux interpellations adressées à l'administration militaire, ait pu prononcer ces graves paroles :

« Mon appel s'adresse à tous ; entrons ensemble dans la
« voie de la lutte contre le duel. Les résolutions ne servent
« à rien ; ce sont des actes qu'il nous faut. Que l'Etat et la
« société se prêtent en ce point un mutuel appui ; l'armée
« n'y sera certainement pas opposée : elle ne peut que
« saluer et appuyer ce mouvement ! »

Bravo, noble comte de Welsersheimb, ce n'est pas nous qui manquerons de répondre à cet appel !

Je demandais récemment à un jeune capitaine de l'armée Suisse ce qui se passait chez lui, lorsqu'un officier en outrage un autre. La chose est fort simple, me répondit-il ; on constitue un tribunal d'honneur qui examine le cas et fixe la réparation que l'offenseur doit à l'offensé. Naturellement il n'est jamais question de réparation par les armes. Si l'offenseur se refuse à exécuter cette sentence, il est honteusement chassé de l'armée et l'affaire est réglée.

Dans les Etats duellistes de nationalité romane au contraire, il arrive couramment en pareil cas, que le supérieur attitré décide simplement que ces deux messieurs devront aller sur le terrain. Or, je le demande à tout homme dont les préjugés n'obscurcissent pas l'entendement, un tel procédé n'est-il pas un véritable outrage à la justice? Il serait du devoir strict du supérieur d'examiner soigneusement l'affaire, de faire en sorte que l'offensé reçoive une équitable réparation et que l'offenseur soit puni et humilié selon son mérite. Si, au lieu de cela, vous ordonnez un duel, il peut parfaitement arriver que l'offensé reçoive par dessus le marché une balle ou un coup d'épée, qu'il soit tué sur le terrain ou estropié pour la vie. Le supérieur qui ordonne un duel commet donc un grave abus d'autorité, il montre un inqualifiable dédain de la justice, qui est ici foulée aux pieds. Il est vrai que pour porter un jugement juste et droit dans un tel cas, pour savoir fixer précisément la juste mesure de réparation d'une part et d'humiliation de l'autre, il faut une intelligence déliée et un cœur délicat. Mais il y a des gens qui ne sont sensibles qu'à un échange de coups.

Que les partisans du duel veuillent bien avoir l'obligeance de répondre aux questions suivantes :

1) Le droit de provoquer et celui d'être provoqué en duel sont-ils, oui ou non, un privilège d'honneur attaché à la personne « capable d'offrir réparation par les armes »?

2) Puisque l'homme pauvre et grossier ne peut être ni le sujet ni l'objet d'une provocation en duel, on se demande : « Quel degré d'instruction ou de fortune un homme doit-il posséder pour avoir la capacité de réparation »? Quels examens doit-il avoir passés ? Jusqu'où sa fortune doit-elle aller ? La possession d'un habit de soirée est-elle indispensable? Un smoking ou un habit de ville ne seraient-ils pas suffisants? Serait-ce assez qu'il portât une chemise blanche? Avec ou sans faux-col?

3) Pourquoi les princes des maisons régnantes ne sont-ils pas tenus d'accepter un duel ; pourquoi n'a-t on pas la liberté de les provoquer ? Pourquoi doivent-ils se contenter de voir leurs offenseurs punis par le code ? Ils sont parfaitement couverts et protégés par les lois ; donc les lois peuvent offrir une protection suffisante ; pourquoi dès lors cette protection serait-elle refusée au corps des officiers, qui d'ailleurs n'est pas sur un lit de roses, et qui porte le poids de cette vie terrestre plus lourdement peut-être que les autres professions ?

Mais, direz-vous, les conditions ne sont-elles pas toutes différentes en Angleterre, en Amérique,, en Suède, en Turquie, en Suisse, au Danemark, en Hollande et au Japon !

Voilà une objection qu'on surprend constamment sur les lèvres de ceux qui, mis au pied du mur, ne savent plus quoi répondre : c'est le coup de clairon qui sonne la capitulation. Comme si, dans les pays énumérés ci-dessus, il n'y avait pas aussi des hommes qui reçoivent des affronts, et qui veulent s'en défendre ou s'en venger ! La fabrication de la bière, la culture de la betterave à sucre, et autres choses semblables, peuvent se trouver dans des conditions différentes : il n'en peut être de même de ces phénomènes humains d'ordre universel, tels que : offenser, être offensé et vouloir se défendre d'une offense !

Tout homme instruit devrait savoir qu'en Angleterre et dans plusieurs autres pays le duel n'existe pas, quoiqu'il y ait aussi dans ces mêmes pays des offenseurs et des offensés. J'admets volontiers qu'une bonne loi sur la protection de l'honneur soit difficile à proposer et à faire voter : mais la copier, est-ce donc si terriblement difficile ? Et si, comme il est à craindre, l'introduction des lois anglaises concernant la protection de l'honneur nous effraye, parce qu'elles supposent un degré de développement que nous n'avons pas encore atteint et que nous atteindrons difficilement, au moins voudrons-nous bien copier la législation des Suédois et des Norwégiens, peuples de vieille souche germanique ? Et si ces pays sont encore trop civilisés pour nous, nous pouvons alors prendre pour modèles la Turquie et la Perse. Ces Etats ne nous paraîtront peut-être pas trop civilisés (1).

Il y a un très grand nombre de bons catholiques, pieux et croyants, même parmi les officiers, qui remplissent tous leurs devoirs de chrétien, vont à la messe le dimanche, s'approchent des sacrements, font maigre le vendredi, suivent les processions, manifestent ouvertement, partout et en toutes circonstances, leurs sentiments de foi et de fidélité à l'Eglise, et qui n'en sont pas moins partisans du duel, qui obligeront leurs inférieurs et même, le cas échéant, leurs propres fils à lancer ou à accepter une provocation en duel, et repousseront loin d'eux ceux qui désobéiraient à ces ordres.

Ces Messieurs mériteraient pour toute réponse, à supposer que leur cerveau ait bien toutes ses facultés, qu'on ne crût pas à la sincérité de leur foi : mais il n'est pas rare qu'ils aient quelque araignée au plafond : et c'est ce qui les excuse ordinairement.

Ne serait-il pas assez logique qu'un officier, provoqué en duel, s'apprêtant à prendre les armes pour vider une affaire d'honneur, commençât d'abord par se déclarer par

---

(1) On se plaît à reprocher à ces deux peuples un certain vice, et on a parfaitement raison, car c'est un vice honteux ; mais sachez que cette turpitude coûte beaucoup moins de larmes et de sang que ne le fait le duel en usage dans les pays chrétiens : il n'a ravi aucun fils à sa mère ; il n'a rendu orphelin aucun enfant ; ni veuve, aucune épouse.

acte officiel et public, indépendant de toute confession religieuse, avant de se rendre sur le terrain. Il serait ainsi conséquent avec lui-même.

Pourquoi ne dirait il pas : « Je suis un partisan déclaré « du duel ; l'Eglise défend cet acte, mais je me moque pas « mal de ses défenses et n'en tiens aucun compte. Toute- « fois je veux être logique et droit ; et je ne prétends pas « agir en chrétien en me mettant au dessus d'un des pré- « ceptes les plus importants du christianisme ; je ne veux « pas, étant excommunié, me voir obligé de me conduire « comme appartenant encore à l'Eglise, c'est pourquoi « je lui dis délibérément adieu : une fois cela fait, je « veux aller me battre en tout honneur et faire ce « qui me plaira ! » Oui, mais que lui arriverait-il bien alors ?

Il existe aussi en vérité, un autre genre de fautes que la plupart des hommes ne cessent de commettre leur vie durant, sans pour cela perdre beaucoup de leur prestige et de leur considération aux yeux de leurs semblables. Toutefois ces fautes ne sont pas commises « coram publico »; on recherche ordinairement, pour ce faire, la solitude et la nuit. Le duelliste, au contraire, consomme son crime impudemment et sans se cacher, dans des édifices publics, des manèges de cavalerie, des casernes et en plein jour !

Lorsque deux hommes se prennent de querelle, se provoquent, se blessent ou se tuent en se battant, cela peut à la rigueur s'excuser par l'humaine faiblesse et les personnages en question peuvent encore être regardés comme des chrétiens. Mais il en va tout autrement, lorsque, de sang-froid, sans avoir été provoqué, on soutient le principe du duel d'une manière pour ainsi dire toute théorique, qu'on se déclare prêt à agir en toute occurrence selon ce principe, et qu'on pousse ses subordonnés à en faire autant. En ce cas, il n'y a plus place pour aucune excuse.

Supposez le duel aboli, nous répliquent nos adversaires, et les querelles se videront à coups de poing, à coups de bâton et iront jusqu'à l'assassinat ; est-ce donc préférable ?

Mais naturellement, c'est cent fois préférable. Les coups de poing ou de gourdin n'enlèvent pas à une femme son époux, et ne rendent pas ses enfants orphelins ; ils n'ont pas pour conséquence de faire couler les larmes des mères, des veuves et des enfants ; par suite ils ne font de tort à personne et doivent pour ce motif l'emporter sur le duel. Et puis ils ne sont pas non plus si stupides que ce dernier ! La crainte de la loi, d'ailleurs, fera sentir ici son influence modératrice et répressive, et un très petit nombre seulement des différends, aujourd'hui réglés par le duel, le seront par des coups ou un assassinat. Et il vaut mieux mille fois avoir à constater un assassinat que deux meurtres par le duel. Il est certain que par crainte du Code pénal et des tribunaux criminels, pour dix des meurtres par duel commis aujourd'hui, on ne comptera qu'un assassinat au plus ; et quand même le nombre des assassinats égalerait celui des meurtres par duel, cela vaudrait encore mieux et aurait une influence moins pernicieuse ; car l'assassin ne s'en tirerait pas avec l'impunité ou une apparence de châtiment, le scandale public serait donc moindre de beaucoup, et le meurtre ne serait pas dissimulé sous le voile de l'honneur. Puis l'on y réfléchirait à deux fois, avant de commettre un assassinat.

En ce qui concerne cette question considérée à la lumière de la théologie, il n'est pas douteux qu'un assassinat, même payé, c'est-à-dire pour lequel on a soudoyé un assassin, soit moins coupable qu'un meurtre par duel commis publiquement, et dans lequel quatre témoins sont intéressés, supposé bien entendu qu'on eût l'intention de tuer son adversaire. Motifs : 1) L'assassinat est perpétré en secret ; on n'a pas donné de scandale public ; le meurtre par duel est commis au grand jour ; donc scandale public. — 2) Le meurtre par duel comporte le *danger de la séduction* masqué sous le voile de l'honneur, qui lui sert de prétexte ; l'assassinat n'est jamais accompagné de cette excuse. — 3) Dans l'assassinat, même payé, avec un, deux, trois, ou quatre assassins nous avons un, deux, trois, quatre ou cinq péchés mortels ; dans le meurtre par duel avec deux témoins de chaque côté ; nous en avons six. — Dans l'assassinat ordinaire, il n'y a qu'une seule personne ayant l'intention de tuer ou de blesser ; dans le duel, il y en a deux. Interrogez n'importe quel prêtre au fait de sa théologie, et il vous confirmera la justesse de ce que j'avance ici (1).

Schopenhauer a certainement raison, quand il dit qu'il y a deux points principaux par où la société moderne se distingue de la société antique à son grand désavantage, ce sont : le principe sur lequel est basé le duel et le mal vénérien : ceux-ci ont jeté un trouble radical dans toutes les relations sociales.

Mais ne semble-t-il pas que les plus grands généraux et

---

(1) On entend souvent cette spirituelle remarque, que le duel est moins immoral que l'assassinat, parce que le provocateur en duel y expose et y joue aussi sa vie. Cette excuse est absurde, car que peut bien faire au malheureux, à qui son adversaire a logé une balle dans la poitrine, que peut faire à la mère désolée, à l'épouse inconsolable, aux pauvres enfants de la victime, que l'adversaire ait risqué ou non, lui aussi, sa vie dans la rencontre? Au surplus l'assassin risque aussi sa vie en attaquant, et sa victime peut le tuer en se défendant : il court le risque, en outre, d'être arrêté par la justice et exécuté : donc il risque plus que le duelliste.

les chefs d'Etat soient pour l'ordinaire favorablement disposés à l'égard du duel?

Cette apparence existe souvent, mais sûrement ce n'est qu'une fausse apparence. Car il est tout bonnement impossible qu'un chef d'Etat voie d'un œil indifférent ses propres lois ouvertement méprisées et foulées aux pieds. Plus qu'aucun autre, un chef d'Etat a un intérêt majeur à ce que ses lois soient respectées et obéies. Car si un sujet peut aujourd'hui en transgresser une impunément, il est à craindre que demain un autre sujet se croie autorisé à en violer une autre. Toute transgression de la loi enferme en quelque sorte une offense à la Majesté du souverain ; car c'est lui qui, en définitive, la contresigne et la sanctionne (1).

Et cependant nous voyons que les chefs d'État gracient presque toujours ceux qui se sont rendus coupables d'un duel. Cela ne paraît-il pas montrer qu'ils ne sont pas, en principe, ennemis du duel ?

Absolument pas. Ils traitent les duellistes comme des gens à moitié fous, en les graciant. En leur accordant ce pardon, ils manifestent clairement que les délinquants ne comprennent pas toute la portée de leur faute, et qu'ils sont pour ainsi dire moralement aveuglés ; car il ne saurait être question ici d'une approbation du duel, puisqu'ils l'interdisent eux-mêmes. Au reste de grands monarques et de grands généraux se sont prononcés contre le duel de la façon la plus catégorique : qu'il suffise de citer les noms de Napoléon Ier, de Frédéric II de Prusse, de l'empereur Joseph, de l'archiduc Charles.

(1) Car tout duelliste semble dire par son crime au législateur: « Ta loi m'est totalement indifférente, la satisfaction qu'elle m'offre me paraît trop insuffisante ; je n'ai nul besoin de ton secours, et je veux obtenir satisfaction par moi-même ». Est-il possible d'imaginer quelque chose de plus impertinent et de plus insolent!

Les plus grands souverains eux-mêmes sont d'ailleurs dans une certaine dépendance de leur entourage, et ne sont pas toujours à même de déraciner les préjugés de leurs officiers, attendu que ces préjugés s'adressent directement à ces hautes personnalités, et qu'un froissement serait inévitable. Ils ne peuvent pas davantage imposer au corps des officiers des membres que celui-ci tient pour déshonorés ou sans honneur, encore qu'eux-mêmes, chefs d'Etat, considérassent ces mêmes personnes comme jouissant d'un honneur irréprochable. Ce n'est qu'ainsi que je peux m'expliquer l'apparente faveur accordée au duel par beaucoup de monarques, souverains ou chefs d'Etat.

La meilleure preuve que les chefs d'Etat ne favorisent pas le duel, mais ne font que le tolérer, et encore à contre-cœur, est, qu'en fait, ils le punissent. Ils pourraient, s'ils le voulaient, gracier toujours les délinquants et ne leur infliger aucun châtiment. Alors, mais alors seulement, on pourrait dire que les chefs d'Etat approuvent le duel. Or actuellement ils punissent les duellistes, quelque indulgence dont ils fassent preuve à leur égard : ils ne peuvent donc pas approuver cette coutume immorale. C'est encore ce que démontrent les considérations suivantes :

Dans l'instruction pratique sur le service autrichien je lis : Chapitre Ier, § 1, n° 9. « Pour l'accomplissement des devoirs militaires un corps sain et vigoureux est de rigueur. Le soldat doit donc prendre un soin raisonnable du maintien de sa santé, aussi longtemps que des devoirs professionnels supérieurs n'en exigent pas le sacrifice » — n° 11. Le soldat s'engage lui-même par sa profession, à maintenir l'autorité de la loi, etc. — § 2, n° 12. « La crainte de Dieu est la base de la conduite morale et un stimulant dans le fidèle accomplissement du devoir. »

« Les principes qui aident l'homme à bien saisir ses obligations, qui le soutiennent dans les difficultés de la vie, animent son courage, le rassurent dans le danger et le consolent dans le malheur, doivent être entretenus et honorés » — n° 13. « Le soldat ne doit donc jamais manquer en aucune occasion, au respect, qui est dû à toute conviction religieuse, mais au contraire en parler toujours convenablement » — n° 14. « Il doit être loisible à chacun, autant que cela est compatible avec le service, de satisfaire sa piété et de remplir ses devoirs religieux en temps utile. » § 3, n° 16. « Le caractère et la conduite de celui qui porte l'épée doivent être à l'abri de tout reproche. Sincère et droit, fidèle et honorable, il doit rester étranger à *tout crime et tout délit.* »

Maintenant j'ouvre le Code pénal militaire et j'y trouve les §§ 437-447, qui mettent le *duel* au nombre des *crimes*, où il figure en belle compagnie, au milieu des autres crimes de la 4° section. Par conséquent le duel est une chose dont le soldat est tenu de s'abstenir conformément à la loi pénale et à l'instruction pratique sur le service. Il y est tenu d'une façon spéciale, car en prêtant le serment militaire, il a juré ceci : Nous faisons au Dieu tout puissant le serment solennel, d'être fidèles et obéissants ; d'obéir à nos généraux et généralement à tous nos supérieurs et chefs, de les honorer et de les protéger, d'exécuter fidèlement leurs ordres et commandements de service, etc. et ce serment finit par ces mots : « Nous jurons de nous conduire toujours conformément aux lois militaires et comme il convient à de braves soldats, afin de vivre et de mourir avec honneur. Qu'ainsi Dieu nous soit en aide. Amen ». Or le règlement militaire qui sanctionne l'instruction sur le service ci-dessus, contient ces mots : « Les prescriptions de l'instruction sur le service doivent être observées sans exception, comme une loi absolue, par toutes les personnes appartenant à l'armée, quelque rang qu'elles y occupent, et elles doivent être suivies exactement au pied de la lettre ». Les règlements de service des autres Etats sont conçus dans des termes analogues.

Si après avoir pris connaissance des passages cités littéralement ici, on veut encore soutenir que les chefs d'Etat sont, dans leur for intérieur, partisans du duel, j'avoue alors ne plus pouvoir m'expliquer la logique qui préside à une telle affirmation.

Considérons maintenant comment d'autres sphères de civilisation, étrangères à la religion chrétienne, se sont débarrassées du culte du faux Dieu « honneur » et que cela nous serve d'exemple.

Examinons d'abord l'institution japonaise de « l'Harakiri ou Seppuku », ce produit d'une folle conception de l'honneur, qui, comme le Minotaure de la Légende, dévora durant de longs siècles la vie de mille et mille d'entre les plus nobles et les mieux doués des enfants du pays, jusqu'au jour où la lumière de la civilisation, la morale, une loi pénale sérieuse, estimée et obéie par tous, le condamna indirectement à périr d'inanition, et l'abolit pour toujours.

L'Harakiri (Seppuku) qui subsistait encore au Japon il y a une vingtaine d'années, était le genre de mort « d'honneur » réservé au noble (Daimio) ou au chevalier (Samurai) japonais ; il consistait en ceci : le Samurai qui voulait ou était condamné à mourir, devait, en observant un cérémonial prescrit, s'ouvrir le ventre solennellement à l'aide d'un petit couteau, tandis que l'un de ses témoins (le Kaichaku) lui coupait la tête immédiatement après. Cette mort était considérée comme glorieuse, de même que l'emploi de Kaichaku, lequel ne pouvait décemment être refusé sans de sérieuses raisons. Tous les détails de cette cérémonie étaient minutieusement prévus et réglés, d'abord le lieu de l'exécution et la façon dont il devait être orné, le vêtement de la victime, des témoins et des assistants, la position à prendre de même que les distances à garder, les salutations, et jusqu'aux mouvements à faire pour prendre le couteau et diriger l'incision. Tout jeune Samurai était habitué dès l'enfance à penser, que l'heure de l'Harakiri pourrait aussi sonner un jour pour lui : il devait donc par suite apprendre à fond toutes les cérémonies de ce sacrifice. L'Harakiri était un privilège réservé au noble et s'imposait lorsque son honneur chevaleresque avait été outragé : cette dernière question était tranchée, à défaut de lui-même, par ses supérieurs ou un conseil de famille « d'honneur ». Le motif en était souvent des plus futiles, par exemple : un manquement à l'étiquette ou même une simple erreur, en traduisant, en qualité d'interprète, du japonais en hollandais et vice versa. La plus haute admiration était l'apanage du mourant, qui trouvait encore la force, après s'être ouvert le ventre, de se couper aussi la gorge, ou de plonger un pinceau dans son sang, pour écrire une poésie. Au Moyen-âge cette folie fit disparaître presque complètement des familles entières.

En l'année 1869, Ono Seigoro, secrétaire du Parlement japonais, proposa la motion suivante pour l'abolition de l'Harakiri : « Nous avons, dit-il, au Japon une sorte d'expiation particulière aux hommes à deux épées (Samurai), appelée Harakiri ; en outre il arrive souvent, que des hommes, dont la culpabilité n'est pas évidente, commettent l'Harakiri, avant même d'avoir été condamnés, vengeant ainsi leurs propres fautes, et qu'un tel procédé rencontre toujours la haute approbation de la classe des Samurais.

J'apprends d'autre part que cette coutume est entièrement inconnue aux différents états d'Europe. Si un homme commet l'Harakiri en vertu d'ordres reçus, je n'ai rien à objecter. Mais ceux qui commettent cet acte, sans en avoir attendu l'ordre doivent être regardés comme ayant eu recours à un procédé immoral au premier chef. Et pourquoi? La raison en est, que si l'homme était de fait innocent, une instruction judiciaire eût démontré son innocence. Qu'a-t-il alors besoin d'avoir recours à l'Harakiri? Si au contraire il est coupable n'avons-nous pas nos lois d'Etat, qui punissent le crime? Il devait donc supporter avec résignation les conséquences de sa faute et attendre la décision impériale. A quoi bon commettre l'Harakiri? N'est-ce pas en fait traiter avec mépris les lois pénales de notre pays, et au lieu d'expier une faute, en commettre une seconde? Il importe de faire remarquer que la majorité des hommes « à deux épées » qui commettent l'Harakiri, sont des sujets de grand talent, doués d'un vif sentiment de l'honneur. Il est à peine nécessaire de faire observer que si de tels hommes poussés par le repentir et le sentiment humiliant d'une erreur commise, voulaient consacrer leurs talents à un but utile, ils rendraient service à leur patrie. Mais, selon moi, la mort recherchée pour une ou deux fautes d'un caractère douteux, barre à tout jamais la voie à un amendement ultérieur du coupable et est en opposition formelle avec les desseins impériaux touchant la prospérité de la nation. Je crois en conséquence que la présente réforme de notre gouvernement devrait viser à l'abolition de l'Harakiri.

Telle était la motion. Il s'ensuivit un vif débat entre les 209 députés.

Amenomori Kenzaburo fit la remarque suivante : commettre l'Harakiri, sans en avoir attendu l'ordre, peut sembler, si l'on veut, une démarche prématurée ; toutefois cette résolution ne peut naitre que d'un sentiment élevé du devoir, et ne sera jamais prise par ceux qui ne connaissent pas la délicatesse du sentiment de l'honneur. Les hommes de cœur ne tiendraient aucun compte de cette interdiction, et les natures efféminées en profiteraient vraisemblablement, pour se cramponner lâchement à la vie.

Okamito Jihei dit : Cette proposition est funeste à l'existence de notre nation, qui occupe un rang unique dans le monde ; elle menace de détruire notre incomparable moralité nationale, tant privée que publique.

Et Lasaki Tetsuyemon : L'expiation par l'Harakiri est bien faite pour grandir le prestige de la classe des Samurai, et marquer la profonde distance qui les sépare du peuple. Il est parfaitement inutile de plaider son abolition.

Sonoda Tamoten : Loin d'interdire l'Harakiri, nous devrions au contraire regarder comme un grand bonheur pour notre pays, d'avoir encore des hommes qui sachent le commettre.

Kaji Matazayemon : La pratique de l'Harakiri, accompli avant d'en avoir reçu l'ordre, ne nait pas du mépris des lois, mais bien d'un sentiment d'honneur naturel, ayant au fond du cœur de profondes racines. Supprimez l'Harakiri et il n'y aura plus aucune différence entre les hommes d'épée et le vulgaire.

Hara Motonoske : Lors même que cette interdiction serait édictée, la classe des hommes d'épée n'en tiendrait aucun compte. Cette interdiction ne pourrait que corrompre la moralité des hommes d'épée.

Kokubuji Gembei : Je ne crois pas que cette interdiction pût être maintenue. Notre pays a toujours placé l'état militaire au premier rang et attaché la plus grande importance à la fidélité aux principes. L'interdiction de l'Harakiri serait la ruine de l'état militaire, et une prime à l'immoralité.

Ikuda Hinobu : La pratique de l'Harakiri est un des joyaux de notre empire. Le supprimât-on, la moralité en souffrirait.

Nonomura Rinyemon : L'homme d'épée est placé au-dessus du paysan, de l'ouvrier et du négociant, et il répugne à ses sentiments d'être puni de la même manière que ceux-ci.

Nakane Shohei : Il se peut que l'Harakiri n'existe dans aucun des Etats d'Europe, mais il ne s'ensuit pas que leur situation intérieure soit meilleure que la nôtre.

Yasujima Kaizo : Rien n'est plus difficile que de faire le sacrifice de sa vie pour un principe. Et un Samurai sans principes ne mérite pas le nom de Samurai.

Tominaga Shume : La pratique de l'Harakiri est basée sur un noble principe, sur le courage et l'intégrité du caractère. Supprimer cette coutume serait ébranler une des colonnes de la Constitution.

Akimoto Yoske : Pour quel motif abolirait-on l'Harakiri : les pays occidentaux ont leurs propres lois, qui ne conviennent pas à notre grand Empire de l'Est.

Nam Kinyemon : L'Harakiri ne doit pas être aboli, sinon les principes et les sentiments des Samurai perdraient de leur fermeté.

Karube Itsinja : Abolir l'Harakiri reviendrait à barrer

publiquement la voie à l'honorabilité et l'ouvrir à la coquinerie.

Joshida Ganzo déclara que l'Harakiri était fondé sur l'honneur et le devoir.

Nakano Chomei opina que l'Harakiri devait être maintenu, parce qu'il servait à entretenir le sentiment de l'honneur chez les hommes d'armes, et que c'est au caractère de ces derniers sans doute que le Japon doit sa supériorité sur les autres peuples.

Takeida Heinoske: La coutume de l'Harakiri est une des gloires de notre patrie, et l'une des causes de sa supériorité sur les pays des mers de l'Ouest.

Les débats, fort orageux, se poursuivirent sur ce ton. La mise aux voix donna le résultat suivant : sur 209 députés, 200 votèrent contre et trois seulement pour l'abolition. 6 s'abstinrent. — Et fait digne de remarque — quelques semaines plus tard l'auteur de cette motion fut assassiné. La victoire des ténèbres sur la lumière était donc complète.

Un député, Sakakibare Senzo, avait jeté au milieu des débats l'observation suivante : « Lorsque l'empire sera établi sur une base solide, et qu'il en sera de même de la morale de la nation, l'Harakiri disparaîtra de lui-même sans qu'il soit besoin d'aucunes mesures législatives.

Parole prophétique! Trente ans se sont passés depuis, et cette pratique a aujourd'hui complètement disparu d'elle-même, sans bruit et sans provoquer le moindre éclat. C'est avec raison que le professeur Dr Inazo Nitobe de Tokio écrit dans son livre » Bushido » (l'âme Japonaise) : « Deux institutions, celle du suicide et celle de la vengeance perdent leur « raison d'être », grâce à la publication du Code pénal. »

« Et grâce au respect de cette loi », ajouterons-nous.

Il est extrêmement curieux de constater que chez ce peuple japonais, puissant, industrieux et hardi, l'opinion publique soit venue à bout de ce monstre, qui avait sévi pendant tant de siècles, en un temps si incroyablement court dès que cette nation eût été mise en contact avec la civilisation européenne.

Cela s'explique sans doute par l'extraordinaire faculté d'assimilation de cette nation, son zèle dans la recherche du progrès et de la vraie civilisation, son respect profond des lois du pays, et par cette circonstance qu'au Japon le courage et le mépris de la mort passent à peine pour des vertus particulières, mais sont au contraire considérés, par tout Japonais, sans en excepter les femmes ni les enfants, comme quelque chose de tout naturel ; bref, par tout cet ensemble de qualités, qui ont permis à cet empire de passer dans l'espace d'une trentaine d'années d'un état de barbarie à la hauteur et à la civilisation d'une grande puissance moderne, puissance qui a vaincu l'énorme Chine, dont les victoires ont inquiété les grands Etats d'Europe, qui pour l'instant du moins a arrêté les progrès de la Russie dans la Mandchourie et à qui l'Angleterre fut aise de tendre une main alliée.

Maint pays *chrétien* ne pourrait-il pas tirer un enseignement utile de cette victoire de l'opinion publique sur l'Harakiri dans ce Japon *païen ?*

L'histoire de cette barbare coutume de brûler les veuves, appelée aux Indes « Satti », nous offre un nouvel exemple d'une folle conception de l'honneur. Cette monstrueuse erreur était répandue dans un grand nombre des provinces de l'Inde, sans cependant l'être dans toutes, ni dans toutes les classes de la société. Elle consistait en ce que chez les Hindous la veuve devait se laisser brûler vivante en même temps que le cadavre de son mari, et même, dans la classe des Jogis, se laisser enterrer vive. Cette horrible coutume n'était nullement prescrite par la religion hindoue, comme les Anglais l'ont d'abord cru par erreur. Ni les lois de Manou ni celles du Veda ne contiennent de prescriptions sur ce point. Bien entendu, il ne manqua pas d'efforts de la part des théologiens hindous pour essayer de montrer que cette infamie était recommandée dans les livres saints et prescrite par la religion. Mais en fait le « Satti » est tout aussi étranger à la religion hindoue que le « jugement de Dieu » l'est à l'Evangile, en dépit de la fameuse histoire de David et Goliath.

L'origine du « Satti » se perd dans la nuit des temps ; il existait déjà dans l'Inde, quand les Macédoniens vainquirent ce pays (327 avant Jésus Christ) et il s'est maintenu jusqu'en l'année 1829 : il a donc fleuri pendant plus de 22 siècles, et atteint un âge beaucoup plus respectable que notre duel tant vanté. Le « Satti » est une invention de la vanité et de la cupidité humaines. Il fallait que la veuve hindoue, après la mort de son mari, n'appartînt plus à aucun autre homme, et que son entretien ne tombât à la charge de personne. Pour atteindre ce double but, on ne trouva rien de mieux ni de plus radical que de brûler la pauvre veuve. La bassesse de ce procédé s'enveloppa, comme il arrive si souvent, du voile de la religion. On enseigna que la veuve qui se laisse brûler avec le cadavre de son époux, opère la rédemption de ses propres fautes et de celles de son mari, et qu'elle lui demeure unie dans l'autre monde pour une période de 14 Indras, laquelle période représente autant d'années qu'il y a de poils sur le corps humain.

Cette perspective n'eût assurément séduit que très peu de veuves, au point de les faire consentir au bûcher, c'est pourquoi il fut nécessaire de lui adjoindre quelque principe d'honneur, vrai monstre dévorant ; et on posa en principe que cette immolation devait être volontaire, et volontaire elle fut et demeura toujours. Que l'on ne me demande pas comment ; car tous les moyens étaient mis en œuvre pour décider la malheureuse victime : persuasion, menaces de la perte de l'honneur, et si tout cela ne suffisait pas encore, on avait recours à des breuvages enivrants.

Le nombre de ces victimes fut très considérable. Dans la présidence de Bengale il n'y eut pas moins de 700 veuves brûlées dans le courant de l'année 1817 : entre les années 1815 et 1826, il y en eut 7121 ; pendant l'année 1826 et dans le seul district de Calcutta on compta 279 victimes ; parmi elles une veuve de 9) ans et 8 jeunes femmes au-dessous de vingt ans. On brûlait fréquemment des veuves qui n'avaient pas même encore atteint leur 15e année.

En l'année 1824 trois veuves furent brûlées, dont l'une avait 13 ans, la seconde 11 ans, et la troisième 9 ans seulement.

Les Souverains mahométans de l'Inde avaient déjà tenté de supprimer cette abomination. Le grand et noble empereur Akbar, homme éclairé, publia un édit interdisant de brûler les veuves ; il fut cependant bientôt obligé de le rapporter.

A propos de ce grand et noble esprit qu'était l'empereur Akbar, Abul Fazl nous raconte qu'en l'année 1583 Dschaï Mal, fils de Maldeo, mourut d'une insolation en se rendant au Bengale. Son fils, Udi Singh, voulut forcer la femme du défunt à monter sur le bûcher, mais la veuve s'y refusait. Akbar l'ayant appris, sauta en selle et accourut seul à l'endroit où le sacrifice devait avoir lieu. Il y arriva peu de temps avant le début de la cérémonie.

Les Ratschpoutes, qui ne le reconnurent pas d'abord,

voulaient le mettre hors d'état de nuire, mais ils ne tardèrent pas à s'apercevoir de leur erreur ; c'est ainsi qu'Akbar arracha la malheureuse à la mort.

Il est très digne de remarque que l'empereur mahométan Jehangir, un tyran cependant, publia différentes lois contre le Satti, dont l'une en particulier interdisait le satti à l'égard de toute veuve, déjà mère de famille. Voici donc un prince mahométan, qui plus est, un tyran, dans le cœur duquel s'éleva un mouvement de pitié en faveur des pauvres enfants, victimes de cette monstrueuse folie, déguisée sous le masque de l'honneur. Tandis que dans tous les pays chrétiens, à l'exception de Sept Etats protestants, le premier butor venu peut, dans certaines sphères, citer un père de famille devant la gueule de son pistolet, et l'étendre raide mort à ses pieds, sans que nul ensuite se soucie de ce que deviendront ses pauvres enfants, les Etats où fleurit le duel prétendent enseigner aux peuples de l'Asie, la soumission aux lois, le respect de l'autorité, et de la dignité de la vie humaine, l'amour du prochain, l'humilité et autres vertus ! Quelle plaisanterie ! Ce serait à mourir de rire, si par un côté ce n'était si grave !

Les premiers gouverneurs anglais n'osèrent pas au début supprimer le « Satti », car ils croyaient par erreur que cette institution avait son fondement dans la religion des Hindous. Cette erreur ne fut dissipée que plus tard par la science, l'étude du sanscrit, et en général des dialectes hindous, étude qui rendit possible une connaissance familière de leurs livres sacrés. Ici encore nous avons un exemple frappant des services que peut rendre la science à la cause de la vraie civilisation, dans l'exercice de sa haute mission. La déesse Minerve a brandi sa lance et la lumière fut.

La lutte du gouvernement anglais contre le « Satti »

est, pour juger la question qui nous occupe ici, extrêmement instructive et du plus haut intérêt.

Bien avant l'abolition de cette horrible coutume, arrivée en l'an 1829, les hommes d'Etat anglais s'étaient efforcés d'en limiter les pratiques.

En 1813 le gouvernement anglais fit publier un décret à Calcutta pour endiguer ce fléau : « Attendu qu'au cours de la cérémonie appelée « Satti » certaines actions ont été commises, qui sont en contradiction formelle avec les principes admis par les institutions religieuses du peuple hindou, principes qui tolèrent cette cérémonie mais la défendent dans certains cas; attendu par exemple, qu'en certaines localités on a brûlé des femmes enceintes et des filles encore mineures ; en outre que certaines gens ont brûlé des femmes, après leur avoir administré des breuvages enivrants ; qu'elles l'ont par suite été sans leur libre consentement ; par ces motifs, le gouvernement a cru de son devoir d'enjoindre strictement à la police, de surveiller de près les dites cérémonies, et de veiller avec la plus grande sollicitude, à ce que de pareils délits ne se produisent plus dans l'étendue de son territoire. Ordre est en outre donné à tous officiers de police d'avoir, à la première nouvelle d'une pareille cérémonie, à se rendre en personne sur les lieux, ou d'y envoyer leur Mohurir ou Jemadar accompagné d'un délégué appartenant à la religion des Hindous, pour apprendre directement de la bouche même de la veuve, si elle consent librement à son incinération, et s'informer en même temps des autres circonstances d'âge, etc, mentionnées ci-dessus. Au cas où il serait démontré que la victime a moins de seize ans ou qu'il y ait des indices qu'elle est en état de grossesse, ou encore si elle-même déclarait être enceinte, ou si les gens qui se préparent à la brûler l'avaient auparavant enivrée sans son consentement et malgré elle, il serait du devoir de la police, vu que l'incinération d'une femme dans l'une quelconque des circonstances énumérées ci-dessus est en contradiction absolue avec les prescriptions des Shastras et n'est plus, dès lors qu'un acte public de violence illégale, il serait de son devoir, dis-je, de s'opposer à la cérémonie interdite et d'en détourner ceux qui voulaient l'accomplir ; de les prévenir en même temps que s'ils persistent dans leur dessein, ils se rendront coupables d'un crime et seront livrés à la rigueur des lois. Mais si la femme est majeure et qu'aucun empêchement ne puisse être invoqué, la police devra néanmoins rester sur les lieux, noter soigneusement les circonstances même les plus insignifiantes, et si les gens se disposaient à brûler une veuve en usant de violence ou après lui avoir fait boire des breuvages narcotiques ou enivrants, il serait de son devoir de faire tout au monde pour empêcher cette cérémonie, en faisant savoir en même temps à ces gens que le gouvernement n'a nullement l'intention d'empêcher ou d'interdire un acte conforme aux usages religieux des habitants du pays, ni même d'exiger qu'on se munisse d'une permission spéciale pour procéder à un « Satti », et que les officiers de police ne sont nullement chargés de s'immiscer dans une telle cérémonie ou de l'empêcher. De plus il sera du devoir desdits officiers de police, de rendre compte immédiatement et en détail à l'autorité supérieure des mesures qu'ils auront prises en la circonstance. Ils devront aussi, chaque fois qu'une telle incinération se sera produite dans l'étendue de leur circonscription et se sera passée régulièrement, la consigner dans leurs rapports mensuels au gouvernement. »

Fait à Calcutta, le 9 octobre 1813.

Et maintenant je demande à tous ceux qui préconisent des mesures en faveur de la limitation du duel qui ne voudraient pourtant pas l'abolition définitive et radicale de cette soi-disant noble, louable et judicieuse institution ; je demande à tous ceux qui souhaitent le maintien du duel, mais seulement pour les cas les plus sérieux, dans une circonstance grave et après en avoir demandé l'autorisation à un tribunal d'honneur et aux autorités constituées.... et autres inepties de même nature : « Quel fut, pensez-vous, le résultat de l'édit, dont j'ai parlé plus haut ? Voyons, sages patrons du duel ? Eh bien, le nombre des « Sattis » loin de diminuer, augmenta sensiblement dans la Présidence du Bengale. En l'année 1815, on en comptait 378 ; en 1816, 442 ; en 1817, 707 ; et en 1818 on en compta jusqu'à 839.

Les autorités du district d'Allypore informèrent le gouvernement, à l'occasion de cette recrudescence, que toute immixtion de leur part, à moins d'être l'interdiction pure et simple sous la menace des peines les plus sévères, ne ferait que provoquer l'opposition, dans l'espérance de décourager avec le temps tout essai d'intervention.

En 1821, M. C. Smith, second juge à Calcutta, disait dans son rapport au gouvernement : « Par ses règlements et ses décrets sur le « Satti » notre gouvernement a jeté la confusion la plus complète dans l'esprit des Hindous. Ils ne croiront vraiment que nous détestons cette monstrueuse coutume, que lorsque nous l'aurons interdite par une loi absolue et péremptoire. Il ne leur vient même pas à l'esprit de douter que nous ne puissions le faire en toute sécurité. »

Très frappants sont à cet égard les termes du rapport de la cour des directeurs au vice-roi, année 1823: « On peut se demander si les dernières mesures du gouvernement n'ont pas plutôt augmenté que diminué le mal. Pareille tendance est imputée sans doute à tort à un arrêté qui, en interdisant un acte dans certains cas semble par là même l'autoriser dans tous les autres ; il est à craindre que le peuple, qui ne professait autrefois pour cette coutume aucun attachement ni aucun enthousiasme particulier, ne voie dans cette loi, qui lui fixe les cas où pareille pratique est illicite, qu'une simple provocation à l'exercer dans tous les autres cas non défendus ; en outre nous trouvons très regrettable que le gouvernement anglais, en accordant une autorisation spéciale à certains cas d'incinération, se rende ouvertement complice d'un sacrifice humain : nous devons aussi nous garder de transformer les tribunaux anglais en commentateurs et interprètes de la religion hindoue, si nous n'aboutissons par là qu'à des actes, que nous réprouvons autant comme législateurs que comme chrétiens. »

Les jugements des 2e, 3e et 5e juges à la Cour d'appel de Calcutta sont conçus dans les termes suivants :

« Le deuxième juge ne peut d'aucune façon approuver une procédure qui tend à codifier ou légaliser cette coutume barbare, ou qui se donne l'apparence de considérer un « Satti » légal comme étant, en quoi que ce soit, préférable à un Satti illégal ». Nous sommes convaincu que si l'on continue de rendre des arrêtés pour la règlementation du Satti, avec l'appui du gouvernement, cette horrible coutume jettera, sous la haute protection de l'Etat, de si profondes racines qu'il sera impossible, par la suite, de l'extirper.

Le second juge, C. Smith, déclara en termes exprès : « La folie du Satti doit être abolie ; et nous pouvons le faire sans courir le moindre risque ».

Très belles aussi sont les paroles du très honorable

T. Scott dans son commentaire sur cette question : « Dieu dit (4 Moïse, 35, 33) : Vous ne devez pas profaner la terre de votre demeure, qui est souillée par le sang et ne peut être purifiée que par le sang du meurtrier. » La connivence que notre gouvernement prête à ces incinérations de veuves, aux sacrifices humains et autres genres de meurtres qui se commettent dans notre colonie des Indes orientales, sous prétexte qu'il s'agit là d'une religion idolâtre et païenne, charge notre pays et tous ceux qui ont quelque rapport avec ces possessions lointaines, du crime d'homicide, lequel n'est pas expié par le sang de ceux qui s'en rendent coupables.

On pourrait grossir encore la liste de ces citations : contentons-nous ici de celles déjà faites.

Le 4 décembre 1829 parut enfin le décret définitif interdisant le Satti d'une manière absolue dans toute l'étendue du territoire de la Présidence du Bengale, et en 1830 dans les Présidences de Bombay et de Madras.

L'introduction du décret, par lequel le noble gouverneur général, Lord W. Bentinck, hâtait la disparition définitive du Satti, vaut d'être remarquée. Elle est ainsi conçue : « L'usage du Satti, c'est-à-dire l'usage de brûler ou d'enterrer vives les veuves hindoues révolte les sentiments de la nature humaine ; cet usage n'est en aucune façon imposé par la religion hindoue comme un devoir absolu ; au contraire il est ordonné aux veuves, tout particulièrement et avant tout, de mener une vie modeste et retirée : la plus grande partie du peuple hindou ne pratique ni ne loue cet usage ; dans plusieurs districts étendus il n'est même pas connu ; et dans ceux où il sévit le plus souvent, c'est un fait que, dans bien des cas, des pratiques d'une telle barbarie ont été mises en œuvre, qu'elles ont paru aux yeux des Hindous eux-mêmes scandaleuses, illégales et infâmes. Les mesures prises jusqu'à ce jour pour détourner les Hindous de tels actes et les en empêcher sont demeurées jusqu'à présent totalement inefficaces, et le gouverneur général a la conviction la plus intime et la plus profonde, que seule la défense entière et absolue du Satti est capable de mettre un terme à cet horrible abus. Par suite de ces considérations, et sans songer le moins du monde à s'écarter de l'un des premiers et plus importants principes de gouvernement de la souveraineté anglaise aux Indes, qui consiste à assurer à toutes les classes de la population le libre exercice de ses pratiques religieuses, aussi longtemps du moins que ce système peut être suivi sans blesser les prescriptions supérieures de la justice et de l'humanité, le gouverneur général juge bon d'ordonner..., etc. »

Suivent les pénalités édictées. Dans une lettre officielle adressée à la Cour suprême de justice, le gouverneur général s'exprimait ainsi :

« Nous étions décidé à une défense claire, formelle et absolue, qui n'a d'autre fondement que son excellence morale et notre puissance à la faire respecter. »

Grande fut la joie de la population. En l'année 1830 un groupe considérable d'Hindous de qualité fit parvenir à Lord W. Bentinck une adresse, pour lui exprimer leur reconnaissance de cette noble action.

Il est à noter qu'au Bengale il se trouva un parti d'Hindous pour rompre une lance en faveur du maintien du « Satti » et adresser une pétition dans ce sens au roi d'Angleterre. Ce fut un Européen chrétien qui s'offrit à transmettre cette adresse au roi, et qui, dans ce but, s'embarqua pour l'Angleterre ; toutefois la supplique de ce brave défenseur de l' « honneur des veuves » fut rejetée, et c'est ainsi que prit fin cette horrible coutume après avoir duré plus de vingt-deux siècles.

En 1844, c'est-à-dire quinze ans après l'abolition du Satti, la digne institution du duel disparaissait de l'Angleterre, tandis que dès 1842, tout genre d'esclavage avait cessé d'exister sur tous les territoires soumis à la suzeraineté des Etats européens (1).

Oui, sans doute, ce furent des chrétiens qui obtinrent ce résultat. Chez nous, en revanche, on semble ne pouvoir se décider à s'attaquer résolument à cet épouvantail du duel. On veut le limiter en le réglementant, le conserver pour les cas graves et tenter je ne sais quelles autres expériences plus ou moins judicieuses, pour que le cher monstre puisse jouir encore d'une belle et longue existence, et qu'il trouve toujours une abondante pâture, au lieu de mourir de sa belle mort.

Quiconque s'intéresse à l'histoire de l'abolition de l'Harakiri, la trouvera racontée en détail dans la publication officielle : Japon n° 3 (1870). Correspondance concernant les affaires du Japon (1868-1870) présentée aux deux Chambres du Parlement sur l'ordre de sa Majesté, 1870, Londres. Il trouvera de même éditée par Harryson et fils (C. 129), l'histoire de l'abolition du Satti, dans les huit volumes des Archives Parlementaires concernant l'incinération des veuves aux Indes.

Je m'attends bien à ce que les partisans du principe du duel m'objectent que l'Harakiri et le Satti n'ont aucune ressemblance avec le duel et ne peuvent d'aucune manière être comparés à cette noble institution. Mais je leur répondrai que ces trois institutions présentent un caractère commun : à savoir, que toutes les trois posent cette alternative de s'infliger à soi-même ou d'infliger à autrui, une peine, une douleur, des blessures et la mort, ou de renoncer

(1) Le grand honneur d'avoir provoqué, le premier, l'abolition de l'esclavage, revient à l'Etat protestant du Danemark (1792).

à l'honneur, et de se voir disqualifié dans son propre monde ; ajoutons ce point capital, que l'honneur dont il s'agit ici ne se perd pas par une action ou une omission personnelle de la victime, mais bien par le fait d'être atteint par un événement ou accident placé en dehors du domaine de notre volonté : Tel est ce caractère commun et identique, auquel tout se ramène. Sans doute il existe de grandes différences, car l'Harakiri et le Satti atteignent leur but avec la plus grande précision et la plus grande sûreté : au contraire, le hasard joue un rôle dans le duel, ce dernier est donc infiniment plus sot que ses deux compères asiatiques ; bien plus, sa nature particulière le distingue des deux autres à tel point qu'il faut un regard perçant et investigateur pour reconnaître l'identité d'essence qui sert de base aux trois institutions.

Ce n'est qu'en raison de leurs mobiles communs et de l'analogie de l'histoire de leur abolition, que je me suis cru permis d'établir un parallèle entre le duel d'une part, le satti et l'harakiri de l'autre. Mais volontiers, j'en demanderais presque pardon aux mânes des victimes du satti et de l'harakiri ; car ces deux institutions dépassent de cent coudées la méprisable coutume du duel, puisque le mobile de la vengeance leur est étranger. Le satti en particulier, lorsqu'il est subi par la veuve volontairement et avec l'intention d'aller rejoindre son défunt mari dans l'autre monde et de racheter les péchés de l'époux par son douloureux holocauste est un acte si grand de dévouement et de renoncement à la vie, par conséquent de sainteté, que, considéré à ce point de vue, il est inadmissible de le mettre sur le même rang que le duel.

Le mot « duel » est exprimé en allemand par le mot « zweikampf », combat à deux. Mais ce terme a une acception beaucoup plus large, puisqu'il peut se dire aussi de combats qui ne supposent ni offense, ni honneur à réparer, comme par exemple les tournois, les luttes athlétiques et les duels d'étudiants. Remarquons à propos de ces derniers qu'au point de vue moral ils sont irréprochables lorsqu'ils consistent en simples exercices de sport. Il est au contraire de l'intérêt de tous que les sports virils, même les plus dangereux, soient toujours cultivés et estimés. Or, les duels d'étudiants sont organisés de telle sorte que les coups mortels, les blessures pouvant provoquer des infirmités pour la vie, y sont rendus impossibles : ils rendent le maniement des armes familier au jeune homme, lui font un corps robuste, souple, agile et gracieux, l'habituent à supporter la douleur virilement, à ne pas craindre la vue du sang ni sur soi-même ni sur autrui, à panser rapidement une blessure ; ils ont donc beaucoup d'avantages moraux à la condition bien entendu, de rester toujours un sport pur et simple, sans nulle feinte ni altération. On peut en dire autant des tournois, des steeple chases dangereux, des courses en automobile ou des ascensions en ballon et tous autres plaisirs et exercices violents. Nous savons tous quels corps et quelles âmes fortement trempés sont sortis de ces associations d'étudiants où l'on s'adonne à ce sport de la lutte. Vive donc ce sport vraiment viril, *vivat, crescat, floreat* ; mais qu'il reste toujours vrai et sincère, et ne glisse jamais sur la pente du mensonge et du crime : car ceci est indigne de tout vrai sportman.

Si, comme nous l'avons exposé et démontré le courage est en soi une qualité indifférente, et non une vertu, il est cependant et demeure, lorsqu'il s'applique à des choses moralement indifférentes, telles que le sport, un ornement pour l'homme et une noble parure.

Le duel n'est pas autre chose que la *vengeance* du sang ; ne craignons pas d'appeler les choses par leur nom ; c'est la vengeance du sang sous la forme la plus sotte qu'on puisse imaginer.

Car la vengeance du sang (ou vendetta) telle qu'elle a existé chez presque tous les peuples de la terre, n'a rien d'absurde en soi ; elle fut même salutaire et nécessaire à ces époques barbares où le meurtre d'un homme était regardé comme une affaire privée, dans laquelle l'Etat n'avait rien à voir, et qui ne concernait que la famille et les parents de la victime. Mais nous voyons aussi que par suite du développement des institutions judiciaires, le meurtre, ainsi que les coups et blessures graves, devinrent partout un crime public, recherché et puni par l'Etat, ce qui rendit la vendetta superflue et y mit un terme.

Et de fait c'est aussi dans les pays chrétiens que les efforts de l'Etat et de l'Eglise ont réussi à faire disparaître presque entièrement l'usage de la vendetta. Au Monténégro, ce n'est qu'en l'année 1855 que le prince Danilo réussit à mettre un terme à cette triste coutume.

Très caractéristique est la transformation exercée par l'Islam sur la manière de voir des anciens Arabes relativement à la question des représailles. Dans l'Arabie pré-mahométane la vendetta était une institution consacrée par les mœurs. La vengeance passait pour une vertu, le pardon pour une lâcheté et une honte. Dans ses études remarquables sur le mahométisme, le professeur Goldziher mentionne le fait suivant : Le principe qui dit : rendre le bien pour le bien — celui qui commence est le plus noble ; rendre le mal pour le mal — celui qui a commencé doit en porter la peine ; par conséquent la loi du talion, formait le principal titre de cette gloire personnelle que les poètes de la vieille Arabie célébraient dans leur propre caractère, et celui de leur race. Sur son lit de mort, Amr Ben Kulthum enseigne encore à ses enfants qu'il n'y a rien de bon à attendre de celui qui ne rend pas dent pour dent et œil pour œil ; ce principe, il l'a fidèlement mis en pratique lui-même au cours de sa vie, comme tout bon Arabe. Le poète Kurejt Ben Uneif reproche à ceux de sa parenté de répondre par le pardon à l'injure qui leur est faite et de rendre le bien pour le mal.

Chez les premiers Arabes ceci passait pour un opprobre. Pour eux le type idéal du héros était l'homme qui, matin et soir, songe aux moyens de faire du bien à ses amis et du mal à ses ennemis. La vengeance était comptée au nombre des vertus de la Muruwwa, mot qui répond au latin *virtus*, et il est assez curieux que le mot Muruwwa soit dans la langue Arabe moderne, synonyme du mot Margala, lequel dérive de *Ragul*, l'homme, *vir*. Telle était la pensée de l'époque préméhométane, époque appelée aussi Djahilija, ou période d'ignorance, ainsi que les Mahométans ont coutume de nommer la période qui précéda la prédication du Prophète. Mais Mahomet parut, et prêcha la *grande loi du pardon*. Il enseigna que remettre et pardonner étaient une vertu et non une faiblesse, que cette vertu ne portait en rien atteinte à la Muruwwa, mais en était au contraire la plus haute expression. Il est dit dans le Coran que ceux qui domptent leur colère et pardonnent aux hommes iront au Paradis (3, 128) ; que la première condition pour obtenir de Dieu le pardon de nos fautes, consiste à pardonner à ceux qui nous ont offensés et à nous efforcer d'oublier l'injure reçue (24, 22) « répondez au mal par quelque chose de meilleur. » (23, 98). La tradition nous apprend que Mahomet lui-même ne rendait pas le mal pour le mal, et qu'il se montrait indulgent chaque fois que cela était possible.

La tradition nous a transmis ces paroles qu'elle lui attribue : « Vous dirai-je quels sont ceux que je regarde comme les plus méchants parmi vous ? Ce sont ceux qui s'asseoient seuls à table, diffèrent leurs présents et frappent leurs esclaves. Mais qui est encore plus mauvais que ceux-là ? Ce sont ceux qui n'excusent pas un faux pas, qui ne veulent admettre aucune excuse, qui ne savent pas pardonner. Mais qui est encore plus mauvais que ceux-ci ? Ce sont ceux qui irritent les hommes, et contre lesquels s'élève en retour la colère de leurs semblables. — « Quiconque pardonne, en mourant, à son meurtrier (cette parole est mise par les pieux Mahométans dans la bouche de leur Maître) va droit au Paradis. Mais quiconque ne veut pas accepter les excuses de son semblable est regardé par Dieu comme un pécheur et un publicain. »

A propos de la vengeance qu'on tirait du meurtre chez les anciens Arabes, je trouve qu'elle me rappelle notre duel à maints égards ; car un parent innocent pouvait offrir satisfaction à la place du coupable, de même que dans notre spirituelle institution du duel, un duelliste peut, dans certains cas, se faire représenter par un autre sur le terrain, système qui met le comble à la sottise de l'institution entière. Même avant Mahomet l'usage s'était déjà établi d'accepter le paiement d'une amende (prix du sang) en remplacement de la vengeance personnelle ; toutefois l'acceptation d'une pareille compensation passait pour honteuse, et la littérature arabe nous a conservé mainte épigramme, dans laquelle le poète invective une tribu parce qu'elle s'est contentée du prix du sang, au lieu de poursuivre elle-même sa vengeance.

Mahomet finit par obtenir que tous les différends de cette nature fussent soumis à sa décision : le meurtrier seul devait être puni, et l'offensé ne pouvait exercer sa vengeance que dans le cas où Mahomet lui abandonnait le coupable. L'amende remplaçait la vengeance par le sang.

Chez les Bédouins souls, qui n'ont jamais été, à la vérité, de vrais et purs croyants, la vengeance resta en honneur, en dépit de l'enseignement du Prophète, et de nos jours encore elle existe comme autrefois. Mais dans la plupart des pays mahométans, cet usage s'évanouit par degrés.

Que dire de ces pieux chevaliers, qui se donnent pour de bons et fervents chrétiens et participent extérieurement à toutes les cérémonies du culte, qui, malgré cela, sont toujours prêts, pour venger le moindre coup ou la moindre offense, à ravir un mari à sa femme, un père à ses enfants, un gagne-pain à sa famille, en le couchant par terre d'un coup de pistolet, et qui osent donner de sang-froid, à un tel procédé le nom de convenable, correct et honorable ? En vérité il est difficile de dire ce qui dans le duel répugne le plus : de la cruauté et de la vanité qui s'expriment par là, ou du tissu perfide de mensonges dont il se compose.

Car c'est un mensonge, que l'honneur puisse se perdre non par une action ou une omission personnelle, mais en recevant ou tolérant une injure ; c'est un mensonge, que l'honneur dont il s'agit dans le duel, ait rien de commun avec le véritable honneur ; mensonge, que le recours aux armes soit le vrai moyen d'offrir ou de recevoir satisfaction, mensonge, que le duel répare l'honneur outragé ; mensonge que le fait d'adresser ou d'accepter une provocation en duel soit une preuve certaine de courage, (nous avons sur ce point le témoignage du grand Napoléon qui a écrit « Je n'ai jamais compté sur un duelliste pour une action d'éclat. La Tour-Maubourg ne s'est jamais battu en duel. » Napoléon faisait allusion par ces mots à un officier, qui recherchait constamment des duels, mais qui, aux jours de bataille, avait l'habitude de se cacher dans les fossés, pour échapper au feu de l'ennemi) ; mensonge

que le courage en soi soit une vertu, et la timidité en soi
un opprobre ; mensonge, qu'un chrétien ou un juif sincère
dans ses convictions puisse être en même temps partisan
du duel ; mensonge, que le duel ordinaire soit moins blâmable que les coups et les rixes, ou encore que le duel au
pistolet avec l'intention de tuer soit moins préjudiciable à
la société que l'assassinat ; mensonge, que le duel ordinaire
soit plus loyal et plus juste, que le duel dit à l'américaine;
mensonge que le duel conserve et développe l'esprit militaire et guerrier ; mensonge, que le duel soit utile à la
conservation du bon ton dans les relations sociales, et que
son abolition doive avoir pour conséquence le débordement
de la grossièreté ; mensonge, que certaines offenses, spécialement une gifle ne puissent être réparées que par l'effusion
du sang ; mensonge, qu'il puisse être de l'intérêt d'un souverain que ses lois soient foulées aux pieds ; mensonge,
qu'on puisse concilier l'obligation du duel avec le respect
des lois ; mensonges aussi ces tentatives de réconciliation
sur le terrain, et ces saluts d'honneur avant de croiser le
fer. Or, sachez-le, partisans de ce Minotaure : il n'y a pas
de mensonges honorables ; on ne saurait trop le redire.
Et nous, les fils d'un siècle de lumière, nous ne voulons
plus de ces vils mensonges, d'une stupidité de cannibales ;
on ne nous les fera pas avaler : avalez les vous-mêmes, si
le cœur vous en dit, et grand bien vous fasse! Quant à nous
nous réclamons pour notre propre personne le droit de
réaliser le développement le plus complet, et le plus haut
degré de culture et de civilisation, auquel on puisse atteindre ici-bas.

Nous ne voulons pas rester en arrière des Anglais et des
Américains en matière de civilisation ; nous ne tolérerons
pas qu'on nous barre la route de la civilisation, des lumières, de la vraie culture et de la vraie vertu. Nous sommes

résolus à jeter bas tout ce qui s'y oppose. N'étant pas des Saints, nous réprimerons de la manière la plus énergique toute offense matérielle s'adressant à notre personne, et nous nous défendrons de toute la force de nos poings et de nos muscles, avec notre canne, notre cravache ou un coup de poing américain, mais à aucun prix, nous ne voulons, pour venger une offense, tuer ou estropier notre prochain; jamais non plus nous ne voudrons ravir, d'un coup d'épée ou de pistolet, à une mère son fils, à une épouse son époux, à des enfants leur père ; jamais nous ne voudrons estropier un père de famille, jeter sa famille sur le pavé en lui faisant perdre son pain, car nous considérons une telle action, quelle que soit la confession religieuse à laquelle nous appartenions, ou lors même que nous n'appartiendrions à aucune, comme une vilenie, et les personnes qui l'approuvent et la recommandent, comme des barbares ; et lors même qu'ils voudraient se donner pour de bons et sincères chrétiens, pour de bons et loyaux Juifs ou Mahométans, nous les tenons nous, par dessus le marché, pour tout autre chose, à moins qu'ils ne soient irresponsables par suite de leurs préjugés ou frappés de cécité morale, ou à demi idiots, ou atteints dans leurs facultés mentales.

Nous combattons le duel sans réserve et sans phrase et sans en appeler à aucune religion, quelle qu'elle soit. Notre serment militaire nous suffit, serment par lequel nous avons juré de nous conduire conformément aux lois militaires ; car nous voulons observer l'ordre « de maintenir le respect dû aux lois », nous voulons observer l'ordre de respecter la religion, de pratiquer la crainte de Dieu, de nous abstenir de tout crime ; or le duel en est un, et il est qualifié crime par le Code militaire : et nous voulons de la sorte vivre et mourir avec honneur, comme il convient à de braves soldats.

Aux Etats-Unis de l'Amérique du Nord le duel, comme me le faisait observer, il y a peu de temps, une dame américaine, a succombé sous le poids de son propre ridicule ; nous ne doutons pas qu'il n'en soit de même un jour chez nous, dès qu'on s'en sera mieux rendu compte, lorsque des hommes d'un jugement éclairé et indépendant se seront fait un principe d'accueillir une provocation non plus par des considérations religieuses et morales, mais par la seule chose qu'elle mérite : c'est-à-dire par un éclat de rire homérique.

Le duel n'est rien de plus qu'une vendetta déguisée, telle qu'elle subsiste encore ouvertement chez certains peuples arriérés, par exemple en Albanie. En Sardaigne et même en Corse la vendetta a presque complètement disparu. Il en est de même chez la plupart des peuples slaves. Qui donc en tient encore pour le duel, est au même niveau moral qu'un albanais à demi civilisé, ce dont on ne peut le féliciter.

Chaque fois qu'une de ces horribles coutumes ou institutions disparaît d'un pays, la civilisation a fait un pas de plus. Aussi la fréquence des duels, même entre officiers, a-t-elle décru dans beaucoup de pays d'une façon notable : par suite il est permis de croire que le duel est à la veille de disparaître. Et le fait que dans les Etats mahométans (Turquie et Perse) le duel n'a jamais existé, que dans le Japon païen il a été étouffé en germe, que dans toute l'étendue du territoire de l'Eglise orthodoxe (russe) il est presque entièrement tombé en désuétude, et que dans sept Etats protestants, dont la population est en majeure partie, d'origine germanique, cette barbare coutume a été en réalité abolie, ce fait ne devrait-il pas, je le demande, faire réfléchir sérieusement les gouvernements des Etats catholiques ?

De nos jours la facilité des voyages, l'extraordinaire progrès des moyens de communication, la liberté de la presse et des recherches scientifiques permettent à tout homme cultivé de comparer entre eux les différents degrés de civilisation des divers peuples. Chacun peut se former une conviction personnelle en comparant la civilisation des pays catholiques à celle des pays protestants. L'Autriche-Hongrie est la seule grande puissance où le catholicisme joue encore un rôle considérable, prépondérant et dirigeant, et précisément elle est restée, en matière de duel, si bas dans l'échelle de la civilisation générale ! C'est justement dans cet Etat, qui aime toujours à se dire catholique, que l'on méprise continuellement le précepte de l'Eglise catholique, la défense formelle de son chef vénérable, le commandement de Dieu lui-même, considéré par les chrétiens et les juifs comme obligatoire pour tout homme : « Tu ne tueras pas ». Et quand, ce qui est très probable, le huitième Etat protestant en aura fini avec le duel au nom du christianisme, sous quel jour apparaitra alors la catholique Autriche-Hongrie ? Quelle ampleur pourrait atteindre à ce moment ce mouvement qui grandit lentement mais sûrement et qui poursuit « la séparation d'avec Rome » ?

Il est de la plus pressante nécessité dans l'intérêt de l'Eglise en Autriche-Hongrie, non moins que dans l'intérêt de cet Etat lui-même, que le duel soit aboli chez nous avant qu'un huitième Etat protestant, le dernier qui ait encore à le faire, ne nous ait devancés dans cette voie.

Beaucoup pensent que ce mouvement séparatiste et anti-romain n'est qu'une simple agitation politique. Je suis persuadé du contraire, bien que des motifs politiques soient aussi mis en jeu à cette occasion. Mais même en admettant que ce mouvement fût purement politique, il me paraît certain qu'il se transformera en un mouvement religieux, sitôt qu'il semblera manifeste, que les Etats protestants sont plus soucieux que les Etats catholiques de mettre leurs actes en parfait accord avec les principes positifs de la pensée et de la foi chrétienne. La magnifique activité de l'Eglise catholique dans tous les domaines de la charité et de la bienfaisance, par où cette église l'emporte glorieusement sur toutes les autres, reste par sa nature même très souvent cachée, tandis que des actes tels que l'abolition des sacrifices humains et de l'incinération des veuves, l'abolition de l'esclavage et du duel éclatent au grand jour, et en pleine lumière à la face du monde entier ; c'est là une circonstance qui provoque à la comparaison par l'application de cette maxime : « Vous les reconnaîtrez à leurs fruits ».

L'esclavage était déjà aboli dans la protestante Amérique du Nord (1864), qu'il subsistait encore au Brésil catholique, où il ne fut aboli qu'en 1890, c'est-à-dire 26 ans après sa suppression dans l'Amérique du Nord. Ne serait-il pas temps enfin que la catholique Autriche fît voir, elle aussi, qu'elle est un Etat chrétien ? Les mots ne sont rien, les actes seuls prouvent quelque chose !

Au moins devrait-on faire preuve de quelque bonne volonté à cet égard, et interdire le duel en attendant mieux, dans les édifices publics, les casernes, les manèges de cavalerie etc… et obliger provisoirement les duellistes à commettre leur crime en secret et dans l'ombre, dans des lieux écartés. Que s'il était démontré qu'il faille tolérer le duel encore un certain temps, sans rien dire, comme un mal nécessaire, qu'on le traite par analogie, comme on fait pour la prostitution. Le duel en Autriche est condamné, écrivait le *Times* à propos du discours ci-dessus mentionné, de son Excellence le Ministre, Comte de Welsersheimb. Nous l'espérons avec confiance. Sitôt qu'on aura démasqué et mis à nu le nid de mensonges sur lequel repose l'institution du duel, délivré de ses entraves la justice enchaînée, restauré le respect des lois, dissipé les nuages qui obscurcissent la notion de l'honneur, nous verrons surgir parmi les débris dispersés de tous ces préjugés menteurs et criminels, la notion sainte et purifiée de l'honneur ; elle s'élèvera pour resplendir au loin, car cet honneur est notre joyau le plus précieux, notre bien le plus cher, et nous ne pouvons jamais le perdre que par nos propres actions ou nos propres omissions. Alors la mère, qui a élevé son fils et lui a fait sucer avec le lait, en quelque sorte, le sentiment de l'honneur ; l'épouse qui connaît l'honneur délicat de son époux ; les enfants qui voient dans leur père le modèle et l'idéal de l'homme d'honneur, ne craindront plus pour l'honneur de leur fils, de leur mari ou de leur père. Il se dressera comme un roc inébranlable, car nul faquin au monde n'aura plus la possibilité de le leur ravir par ses insultes ou ses outrages.

La constitution d'une ligue anti-duelliste universelle est donc une œuvre de vraie civilisation ; tout philanthrope, tout homme de cœur, et en particulier tout vrai et sincère patriote, tout catholique aimant l'Eglise, doit l'approuver et la saluer avec joie.

Elle est le Siegfried qui terrassera le dragon, le Thésée qui donnera le coup de grâce au Minotaure. Vive donc cette grande et noble entreprise ! Salut et merci aux hommes qui l'ont fait naître ! L'Eglise et la Patrie leur en devront une éternelle reconnaissance.

Perpignan, Typ. Charles Latrobe

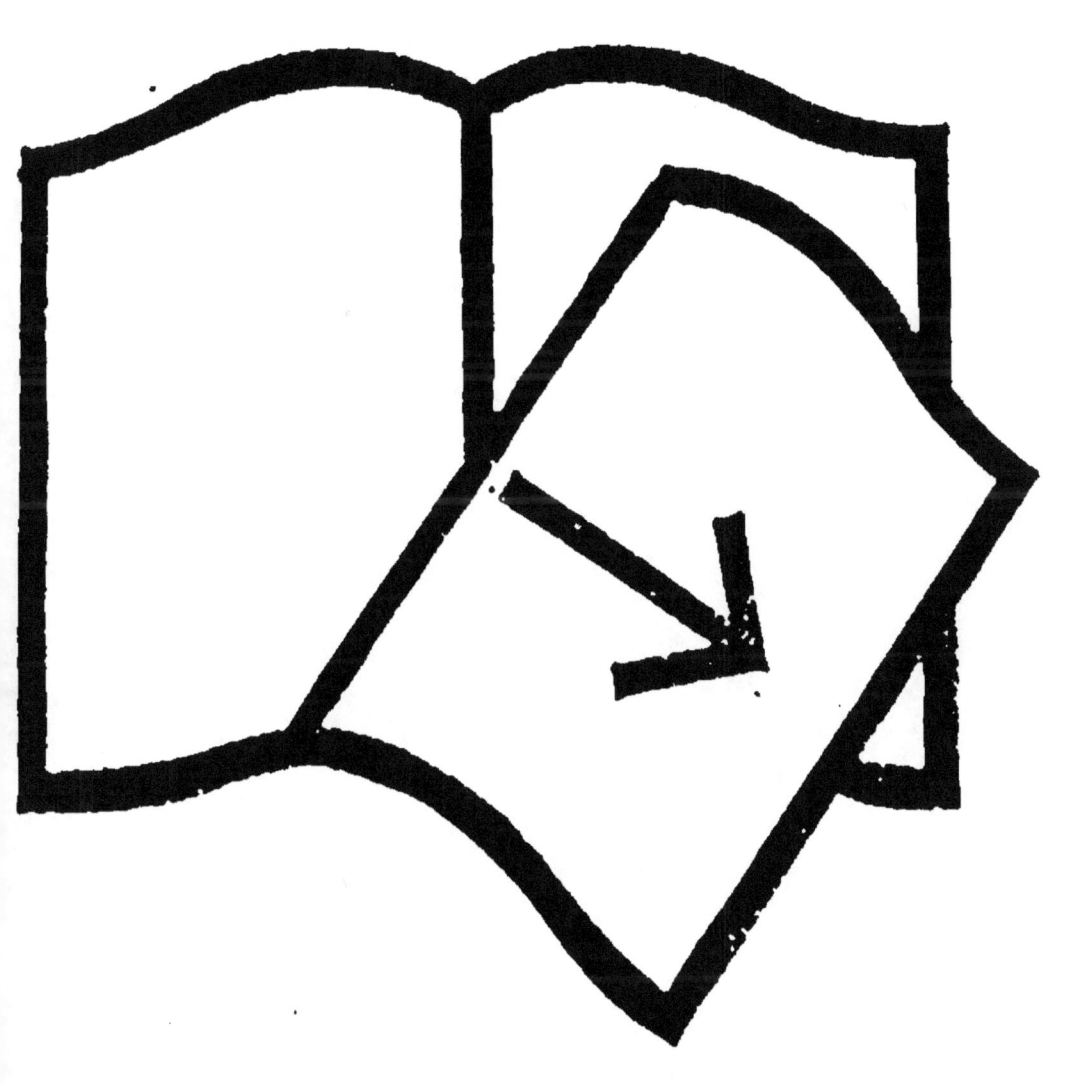

Documents manquants (pages, cahiers...)
NF Z 43-120-13

www.ingramcontent.com/pod-product-compliance
Lightning Source LLC
LaVergne TN
LVHW052111090426
835512LV00035B/1500